KB219757

별별 차별

영화 속 인권 이야기

글 구본권 김민아 김현진 신윤동욱 여균동 조윤호

기획 국가인권위원회

10년간의 차별, 다시 10년의 희망

국가인권위원회에서 인권 영화를 만든 지 올해로 10년이 되었습니다. 많은 사람들의 기대와 우려 속에 차곡차곡 쌓여온 인권 영화는 세계 각종 영화제의 주목을 받기도 했지만, 무엇보다 시민들의 인권 감수성 성장에 기여했다는 점에서 그 성과를 찾을 수 있지요.

"영화를 통해서 세상을 배웠다." 많은 영화광들이 하는 말인데요. 인권 영화에도 딱 들어맞는 말이 아닐까 싶어요. 인권 영화가 다루는 문제는 바로 우리의 현실이니까요. 인권 영화 속에서 우리는 그야말로 '별별 차별'들을 만나게 됩니다. 성 차별, 남녀 차별, 소수자 차별, 외국인 차별…… 세상을 살다보면 '이건 우리의 고유한 문화야.', '이게 세상의 이치야.' 하는 식으로 차별을 정당화하는 목소리를 자주 듣게 됩니다. '성 소수자는 이상한 사람들 아니야?', '한국인도 살기 힘든데 외국인 노동자 인권까지 챙겨야 돼?' 하는 편견에 찬 목소리들이죠. 이렇게 차별은 우리 사회에 뿌리 깊게 자리 잡고 있지만 사람들은 너무나 쉽게 모르는 척, 안 그런 척 하며 살고 있어요.

보이지 않아도 분명히 차별은 있어요. 이렇게 보이지 않는 차별을 보여주고, 차별당하는 이들의 억울한 사연을 들려주는 것이 바로 인권 영화의 역할이지요. 하지만 아무리 좋은 영화여도 보고 나서 금방 잊어버린다면 제 역할을 하지 못할 거예요. 인권 영화를 보고 문제를 인식했다면 이제 그 문제에 대한 이야기를 할 차례예요. 입에서 입으로 전해지고 이야기가 또 다른 이야기를 낳으며 이어지다보면 더 많은 희망이 현실이 되고 더 많은 사람의 인권이 지켜질 수 있을 테니까요.

이 책이 바로 그러한 출발점이 되길 바랍니다. 인권 영화 속 주제와 현실 속에서 일어나고 있는 문제들을 이어줄 안내서이자, 낯선 주제의 이야기를 이해할 수 있도록 도와주는 해설서가 되길 바랍니다. 인권 문제에 대해 오래 고민해온 이들이 아홉 개의 인권 주제로 펼쳐놓은 글들이 여러분에게 새로운 이야깃거리를 던져주길 바랍니다.

이 책이 앞으로 딱 10년만 쓰였으면 좋겠습니다. 10년이 지난 뒤에는 이 책 속의 차별들이 사라지리라 기대하니까요. 그때는 또 새로운 책을 내야겠죠. ^^

신윤동욱 〈한겨레 21〉 기자

차례

영화가 끝나고 인권을 이야기하다

소수자 인권

인간의 표준은 없다

신윤동욱

'우리는 어디에나 있다(We Are Everywhere).' 성 소수자 인권 운동의 오래된 구호입니다. 세상엔 스스로를 드러내기 전에는 잘 보이지 않는 사람들이 있습니다. 이런 사람들을 사회의 다수인 사람들과 견주어 '소수자'라고 합니다. 지금 사회의 다수를 차지하는 것은 자신과 성(性)이 다른 사람을 사랑하는 이성애자입니다. 반면에 자신과 성이 같은 사람을 사랑하는 동성애자, 자신의 성을 타고난 생물학적 성과 다르게 규정하는 성전환자는 상대적으로 그 수가 적습니다. 그래서 이들을 성 소수자라 하지요. 성 소수자를 영어 약자로 'LGBTQ'라고 하는데요. 여성 동성애자(Lesbian), 남성 동성애자(Gay), 양성애자(Bisexual), 성전환자(Transgender), 퀴어(Queer·이성애의 정체성과 다르지만 분류하기 힘든 성적 정체성)를 뜻합니다. 이성을 사랑해야 한다는 사회적 기준이 워낙 강력하기 때문에 이들은 스스로를 드러내기 어렵습니다. 스스로를 드러내는 순간 '비정상'으로 규정돼 비난을 받거나 따돌림을 당하기 십상이니까요.

그러나 이렇게 쉽게 자신을 드러내지 못하는 사회적 분위기 때문에 잘 드러나지 않을 뿐, 성 소수자는 어디에나 있어요. 그래서 동성애자들은 '우리는 어디에나 있다'고 말합니다. 지금 여러분이 공부하고 있는 교실, 등하굣길에 타는 버스나 지하철, 가족이나 친구 중에도 성 소수자는 있을 거에요. 아니, 이 글을 읽고 있는 여러분 자신일 수도 있지요. 미국에는 예전에 〈10 Percent〉라는 성 소수자 잡지가 있었는데요, 이 잡지의 제목은 인구의 10%가 성 소수자라는 뜻입니다. '열 명 중에 한 명이나 된다고? 과장한 것 아니야?' 하는 생각을 하는 친구가 저기 보이네요. 이런 문제는 조사하는 것 자체가 매우 어렵기 때문에 정확한 통계는 없습니다만, 전체 인구의 3~5%(남성 동성애자 비율이 여성 동성애자보다 높다는 주장도 있어요.)가량이 동성애자라는 추산이 서구에서는 통용됩니다. 그러니까 우리 반에 서른 명이 있다면 아마도 한두 명은 성 소수자일 수 있겠네요.

이 글을 읽고 벌써 의혹의 눈초리로 주변을 둘러보며 '쟤가 혹시?' 하는 친구도 있겠군요. 영화 〈BomBomBomb〉에서 마선이는 그런 손가락질과 따돌림에 시달리는 아이입니다. 같은 고등학교에 다니는 아이들은 마선이만 지나가면 "야, 호모 간다!"고 놀리거나 "씨발 똥꼬 새끼" 같은 욕을 퍼붓습니다. 심지어 열 명이 넘는 아이들이 마선이를 교탁에 엎어트려놓고 "애인을 대라!"고 협박하기까지 합니다. 마선이의 바지를 벗겨서 팬티가 보이도록 해놓고 말입니다. 아이들은 마선이를 둘러싸고 '동물원'을하겠다고 협박합니다. 그런데 무서운 것은 마선이가 이런 일을 당하는 이유가 따로 없다는 겁니다. 단지, '호모 같다'는 의심만으로 아이들은 마선이에게 무자비한 폭력을 가합니다. 차별과 혐오는 그 이유가 없어서 더욱 무서운 거지요. 단지 성적 취향, 피부색, 종교 등이 다르다는 이유만으로 다른 사람을 따돌리거나 때리거나 심지어 생명을 빼앗는 경우도 있는데요, 이런 걸 '혐오 범죄'(Hate Crime)라고 합니다. 한국에는 정확한 통계가 나와 있지 않지만, 미국 청소년 자살의 30% 정도가 자신의 성 정체성에 대한 비관에서 비롯된 것이라는 통계도 있어요. 성 정체성이 노출되거나 성 소수자라는 의혹을 받는 누군가에게 학교는 이렇게 잔인한 곳일 수 있는 거지요.

그러나 마선이는 자신의 처지를 비관하는 대신 남들이 보기에 '어울리지 않는' 선

BomBomBomb

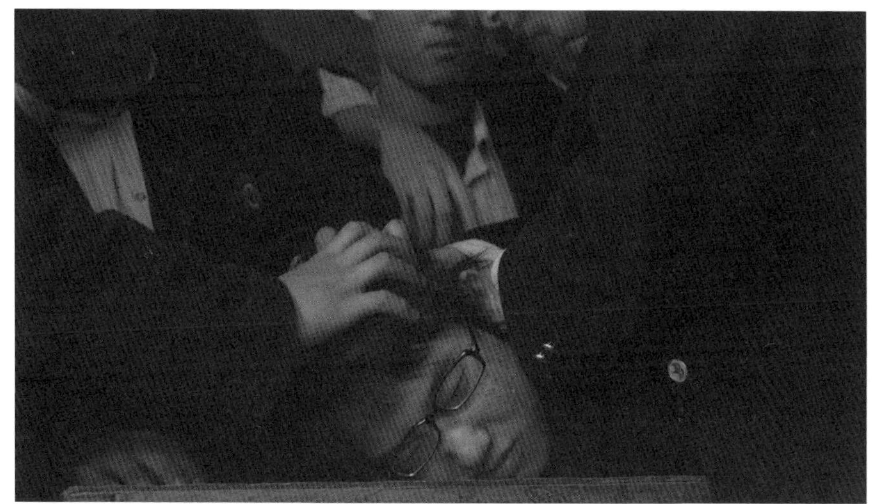

학교에서 '호모'로 소문난 마선은 아이들에게 놀림과 왕따를 당한다. 평소 마선이 신경 쓰이던 마택은 밴드부 오디션에서 마선을 만나게 되고 마선의 드럼 솜씨에 놀란다. 마선과 마택이 늦게까지 연습실에 남아 합주를 하자 둘이 애인 사이라는 소문이 돌고, 아이들은 마선을 교실에 가두고 괴롭힌다. 마택은 처음에는 외면하지만 다시 교실로 돌아와 마선과 멋진 연주를 한다.

감독·각본: 김곡, 김선 | 상영시간: 21분

택을 합니다. 밴드부에 지원하는 것도 모자라 남자들의 전유물처럼 여겨지는 드럼을 치겠다고 나서는 것이죠. 짐작과 달리 밴드부 오디션에서 마선이의 드럼은 반 친구 마택이의 베이스와 절묘한 호흡을 보입니다. 집단 괴롭힘을 당하는 마선이를 남들과 조금 다른 눈으로 보았던 마택이. 이제 친구들은 마택이를 의심합니다. "걔가 재래." 한마디면 충분합니다. 마택이가 마선이의 애인이라는 거지요. 의심을 벗어나기 위해서 마택이는 마선이를 비난해야 하는 상황에 처합니다. 마택이가 아주 심한 말로 마선이를 욕한 뒤에야 아이들은 마택이의 '결백'을 인정합니다. 함께 손가락질해야 '정상'이 되는 상황인 거지요. 그런데 이게 정말 정상일까요? 소수자에 대한 혐오는 쉽게 광기로 변합니다. 그리고 그 광기의 공동체는, 마택이처럼 소수자 마선이를 이해하려 하는 마지막 한 사람까지 빼앗아갑니다.

아이들은 마선이를 마치 동물원의 원숭이처럼 교실에 혼자 가두어두고 밖에서 창문을 두드리면서 마구 욕합니다. 이게 바로 '동물원'입니다. 그런데 마선이를 비난하며 '정상'의 편이 되었던 마택이가 말리는 친구의 손을 뿌리치고 교실 문을 열고 들어갑니다. 마택이는 마선이와 함께 동물원의 원숭이가 되는 선택을 합니다. 이렇게 한국에서 소수자를 지지하는 행동은 함께 동물원의 원숭이가 되어주는 것인지도 모릅니다. 마선이와 마택이의 이름에서 각각 '마'를 빼면 '선택'이 되지요. 여러분이 마택이라면 어떤 선택을 했을까요? 아마도 이것이 영화가 던지고 싶은 질문이 아닐까 합니다. "마택아, 재네 다 죽여 버릴까?" 마선이가 마지막에 하는 대사입니다. 마선이처럼 성 소수자로 의심받아 왕따당하는 청소년은 주변의 그 살인적 시선을 자신의 안에서라도 '죽여야' 살 수 있을 정도로 힘들 거예요. 그래서 이렇게 잔인한 사춘기를 지나 살아남은 성 소수자를 '생존자'로 보는 시각도 있습니다. 누구에게도 말하지 못하는 고통을 견디고 살아남은 생존자 말이지요.

〈동물농장〉의 염소 역시 '소수자'로서의 고된 삶을 견디고 있습니다. 염소는 양떼로

염소가 양들에게 핍박을 당하는 이유는 그가 단지 '염소이기 때문'입니다.

상징되는 다수의 횡포와 따돌림을 견디다 못해 양으로 위장해 무리에 섞이려고 합니다. 염소의 고군분투는 '다수의 사회'에서 소수자가 자신의 정체성을 지키며 살아남기가 얼마나 어려운지를 보여줍니다. 그러나 영원할 것 같았던 이런 '동물농장'도 어느 날, 소와 돼지 등 다양한 동물이 농장에 오면서 '천지개벽'을 합니다. 동물이 다양해져서, 이제 양은 그냥 양이고, 염소는 그냥 염소인 '다민족' 아니 '다동물' 사회가 된 거지요. 〈동물농장〉은 단일민족 신화에 갇혀서 우리보다 소득 수준이 낮은 나라에서 온 사람들을 차별하는 우리 사회를 은유하는 것 같습니다. '우리 안의 우물'만 벗어나면 다른 세상이 열린다는 것이지요.

〈거짓말〉은 마선이가 성인이 된 다음의 이야기 같습니다. 영어 약자로 등장하는 인물들은 성인이 됐지만 여전히 '자신'으로 살기 어려워요. 남성 동성애자(게이)인 Y는 K라는 애인이 있지만 레즈비언 친구와 계약 결혼을 하려고 합니다. 가족을 실망시키지 않고, 사회에서 살아남기 위한 Y의 선택입니다. 한국에선 결혼 적령기를 지나도 결

동물농장

양들이 사는 농장에 염소 한 마리가 살고 있다. 양들은 자신들과 다르게 생긴 염소를 구박하다 쫓아내고, 염소는 양털을 주워 걸치고 양인 척한다. 그러나 얼마 못 가 정체가 밝혀지자 다시 내쫓기고 만다. 상심한 염소가 목을 매 자살하려는 순간 소, 오리, 닭, 돼지를 실은 차가 도착하고, 양들의 농장은 '동물농장'이 된다.

감독: 권오성 | 제작 방식: 클레이/퍼펫 애니메이션 | 상영시간: 15분

거짓말

Y와 K는 게이 커플이고 R과 G는 레즈비언 커플이다. 서른이 넘기 전에 결혼하라는 아버지의 압박에 Y는 R과 계약 결혼을 하기로 한다. 친구인 B는 회사에서 인정받는 팀장이지만 성 정체성을 숨기기 위해 친구에게 애인인 척 매일 정해진 시간에 연락해달라고 부탁한다. C의 부모님은 C의 성 정체성을 의심하고 이를 견디지 못한 C가 커밍아웃하자 아버지는 그녀를 정신 병원에 입원시킨다. 1년 뒤 퇴원한 C는 결국 자살을 시도한다. 일 핑계를 대며 연애를 하지 않는 J를 가족들은 게이가 아닐까 의심한다. 계약 결혼을 하는 Y와 R. 그들의 연인인 K와 G가 들러리로 결혼식을 함께한다. 신혼여행을 떠나는 둘을 보면서 가족들은 안심하고, 남은 친구들은 손을 잡으며 서로의 사랑을 축복해준다.

감독: 박용제 | 제작 방식: 2D 컷 애니메이션 | 상영시간: 22분

혼하지 않고 있는 사람을, 가족들은 걱정하고 동료들은 의심하니까요. 직장 생활을 잘 하던 B도 30대에 접어들자 여기저기서 질문을 받기 시작합니다. "결혼 안 해?" 상대를 배려하는 것처럼 보이는 이 질문은 때로는 무서운 질문이 되기도 합니다. 얼마 전 홍콩 사는 친구에게 들었는데, 같은 동양이지만 홍콩의 직장에서는 '결혼 안 하느냐'는 질문을 동료에게 잘 하지 않는다고 합니다. 그것이 '프라이버시'에 속하는 민감한 질문이라고 생각하니까 그렇겠죠. 그러나 한국은 너무나 '정이 넘치는' 사회라 아직도 서슴없이 이런 질문을 하지요. 급기야 B는 연기를 합니다. 직장 동료들에게 애인이 있는 척하기 위해, 친구 J에게 정해진 시간에 문자를 보내고 전화를 하라고 합니다. 이렇게 거짓말 같은 인생을 살아갈 수밖에 없는 성 소수자의 처지를 그려서 제목이 '거짓말'이겠죠?

한국처럼 가족의 유대가 유난히 강한 사회에서 성 소수자에게 가장 고통을 주는 사람은 가족인 경우가 많아요. 〈거짓말〉에서 J는 결혼을 걱정하는 부모님과 "아무래도 얘 남자 좋아하나봐"라고 말하는 무례한 누나 앞에서 어색한 목소리로 "아니야"라고 부인합니다. 그러나 이어지는 독백이 참 서글퍼요. "아버지와 어머니는 알고 있었을지 모른다. 부모님이 살아 계시는 동안에는 (동성애자라는 것을) 말하지 않겠다." 태어나면서부터 함께 살아온 가족, 더구나 부모가 자식의 성 정체성을 눈치채지 못한다면 그것도 '거짓말'일지 모릅니다. 너무도 가까운 사이니까요. 서로 알면서 모르는 척하는 가족의 상처는 말하지 않아도 짐작이 갑니다. 이렇게 성 소수자는 가장 가까운 사람이 가장 불편한 사람이 되는 서글픈 진실을 겪게 되지요.

성 소수자가 자신이 성 소수자인 것을 다른 사람이나 사회에 밝히는 것을 '커밍아웃'(Coming Out)이라고 해요. 커밍아웃은 원래 '벽장 속에서 나오다'(Coming Out of the Closet)라는 뜻인데요. 나만 아는 마음의 벽장 안에 숨겨두었던 성 정체성을 세상에 드러낸다는 것이죠. 이런 커밍아웃을 통해 동성애자들은 온전히 자신을 받아들이

커밍아웃은 타인에게 성 정체성을 드러내는 일인 동시에, 자기 자신을 온전히 받아들이는 일이기도 합니다.

게 됩니다. 자신을 타인에게 드러내지 못하고 들킬까봐 전전긍긍하는 사람이 행복할 리 없지요. 커밍아웃은 매우 조심스럽고 고통스럽지만 결국엔 기쁜 일이에요. 그런데 한국에선 이런 커밍아웃의 기쁨을 가족과 함께 누리기가 쉽지 않습니다. 성 소수자에 대한 차별이 여전히 심하기 때문에 가족들은 자식이나 형제자매가 성 소수자란 사실을 받아들이기가 무척 힘듭니다. 가족을 사랑하지만 '가까운 타인'으로 거리를 두는 문화가 있는 서구와는 또 다른 고통이 따르죠. 그래서 한국에선 가장 중요한 진실을 가장 가까운 사람들에게 말하지 못하는 일이 생깁니다. 서구의 성 소수자는 가족에게 커밍아웃을 먼저 하는 경우가 많지만, 한국에선 모두에게 커밍아웃을 해도 가족, 특히 부모님에게는 하기 어렵다는 이들이 많습니다. J처럼 말이지요.

이렇게 가족주의가 견고한 사회에서 동성애자는 가끔 비극적 선택을 하게끔 내몰립니다. 〈거짓말〉의 C를 가장 힘들게 하는 것도 가족입니다. 4대 독자인 C는 호랑이 같은 아버지의 호통에 시달립니다. 결혼을 하란 거지요. 그러다 부모님이 C가 동성애자란 사실을 알게 됩니다. 이들이 향한 곳은 '언덕 위의 하얀 집'입니다. 부모님의 강권에 못 이긴 C는 동성애를 '치료하기' 위해 일주일에 한 번 정신 병원에 갑니다. 얼마 뒤, 병원에선 C가 '완치됐다'고 선언하지만 오히려 C는 자살을 시도합니다. 1970년대부터 동성애는 정신과 질환 목록에서 삭제됐지만, 아직도 동성애를 치료한다는 병원과 교회가 있습니다. '병'이 아닌데도 말이죠. C의 경우에서 보듯이 본인이 원하지 않는 '치료'는 극심한 고통이 되기도 합니다. 사랑의 이름으로 폭력을 휘두르는 비극이 생기지 않으려면, 무엇보다 소수자의 정체성을 그대로 인정하는 용기가 필요합니다. 〈BomBomBomb〉, 〈거짓말〉의 사람들처럼 혹시 여러분도 '너 동성애자 아니야?' 하는 의혹의 눈초리만 세우는 감시자는 아니겠지요?

〈날아라 펭귄〉에 나오는 신입 사원 주훈은 회식 자리에서 사람들에게 "실은 제가……"라고 말합니다. 직장 동료들은 순간 긴장하는 표정을 짓습니다. 이어 그가 "실

날아라 펭귄

아홉 살인 승윤의 교육에 열성을 다하는 승윤 엄마. 급기야 집에서 영어로만 말하자고 제안한다. 아직 어린 아들을 몰아세우는 아내가 못마땅한 승윤 아빠는 어쩔 수 없는 현실이 갑갑하기만 한다. 채식주의자에 술을 입에도 못 대는 신입 사원 주훈은 자신을 유별나다고 생각하는 회사 사람들의 편견으로 회사 생활이 쉽지 않다. 화끈한 성격으로 선배들과 잘 어울리던 신입 사원 미선도 흡연을 들킨 뒤로는 선배들과의 관계가 예전 같지 않다. 회식 자리에서 주훈을 괴롭히는 선배에게 화가 난 미선은 자신의 흡연을 커밍아웃한다. 기러기 아빠인 권 과장은 자식들을 생각하며 외롭고 힘든 생활을 견디고 있다. 그러나 오랜만에 한국에 온 아내와 아이들은 권 과장이 낯설기만 하고 아내는 같이 자는 게 불편하다며 아이들 방으로 가버린다. 늦은 나이에 자신의 삶을 찾으려는 송 여사는 댄스를 배우고 운전면허 시험에도 도전한다. 남편 권 노인은 운전하다 사고가 날 수 있다며 송 여사가 면허를 따온 날, 차를 팔아버린다. 송 여사는 이혼을 요구하며 딸네 집으로 가버리고 혼자 남겨진 권 노인은 아들 권 과장과 쓸쓸하게 밥을 먹는다.

감독·각본: 임순례 | 상영시간: 110분

주훈은 자신의 신념대로 채식을 선택했지만, '다르다'는 이유로 손가락질을 받습니다.

은 제가 베지테리언(채식인)입니다"라고 털어놓자 동료들은 안도하는 표정을 지으며 말해요. "커밍아웃이라도 하려는 줄 알았잖아." 동료가 성 소수자가 아니라서 다행이란 것입니다. 그러나 그들이 '다행'이라 생각했던 채식인(베지테리언) 정체성은 일상에서 끊임없이 갈등을 낳습니다.

얼마 지나지 않아 주훈 씨, 잘못한 것도 없는데 "주는 거 없이 밉다"는 소리를 듣습니다. 아무리 직장인 회식 메뉴가 고기 위주라지만, 그냥 고기를 안 먹고 있으면 될 것 같지요. 그것이 생각만큼 간단치 않습니다. 옆자리 동료가 입사 축하 표시로 고기쌈을 싸서 입에 넣어주는 '성의'를 무시한 사람이 되어버리고, 모두들 점심시간에 복국을 먹으러 가는데 혼자만 도시락을 싸와 먹는 이상한 사람이 됩니다. 이렇게 '단체 행동'이 중요한 한국에서 채식인으로 산다는 것은 왕따를 자초하는 일입니다. 서구에 가면 대부분 식당에 채식 메뉴가 따로 표시돼 있어요. 그러나 아직 한국은 채식 취향에 대한 존중이 부족하죠. 주훈 씨처럼 채식인은 이상한 사람이거나 없는 존재 취급을 당하는 경우가 많습니다.

주훈 씨의 회사 생활에는 '한국 표준 남성'의 기준을 따르지 않는 사람들이 겪는 또 다른 고통이 있습니다. 바로 '술 못 마시는 사람'의 고통입니다. 동료들 모두가 원샷을 하는데 주훈 씨가 "알코올 분해 효소가 제로여서 이거 마시면 죽습니다"라고 말하자 당장 이런 말들이 돌아옵니다. "남자가 쪽팔리게." "직장 생활 어떻게 하려고 해." "가지가지 해." 이렇게 남한테 피해 입힌 일도 없는데 사람들은 그를 싫어합니다. 그러나 주훈 씨는 이상한 사람이 아니에요. 오히려 아침이면 남보다 먼저 출근해 화분에 물을 주는 사람입니다. 고기를 즐기던 주훈 씨가 어떻게 하다 소수자의 길로 들어섰을까요? 자취를 하던 주훈 씨는 다음 날 된장찌개에 넣으려고 사두었던 바지락이 밤새 바스락거리는 소리를 듣고 "얘들도 살려고 바둥거리는구나……" 하는 깨달음을 얻었대요. 화분에 물을 주는 행동과 고기를 먹지 않는 취향의 바탕엔 모두 '생명에 대한 존중'이 깔려 있는 거지요. 어쩌면 우리도 바지락과 다르지 않습니다. 모두 살려고 애쓰는 생명이니까요. 그러나 가끔 우리는 이런 평범한 진리를 잊어버립니다. 주훈 씨처럼 주변 사람들의 곱지 않은 시선을 느끼면서도 자기 자신으로 살려고 애쓰는 소수자를 차별하는 경우가 적잖으니까요.

2012년 런던 장애인 올림픽 개막식에서 세계적인 물리학자인 스티븐 호킹 박사는 "인간의 표준은 없다"고 말했습니다. 인간의 신체에 표준이 없는 것처럼, 장애가 비정상이 아닌 것처럼, 인간의 취향에도 표준은 없습니다. 그러나 다수이기 때문에 권력을 휘두르고, 소수이기 때문에 차별을 당하는 일이 자주 생깁니다. 다수와 다른 취향, 정체성, 생각을 가진 사람들이 낯설게 보일 수 있지요. 낯서니까 때로 거부감도 생기죠. 하지만 잘 몰라서 생기는 오해도 큽니다. 그들을 이해하려는 자세가 있다면, 공존은 충분히 가능합니다. 오히려 소수자의 눈으로 보면 당연하게 여겼던 것들을 새롭게 보게 되고, 주류 문화가 가진 문제가 보이는 경우도 많아요. 이런 좋은 기회를 놓치고 폭력의 공동체에 가담하고 있지는 않은지, 인권 영화는 묻습니다. 현실에선 보이지 않는 존재를 보고, 들리지 않는 목소리를 듣는 기회가 가끔 영화 속에는 있어요.

신윤동욱
〈한겨레21〉 기자. 하 수상한 청소년기를 지나 광고 회사에서 카피라이터로 활동하다 기자로 안착했다. 소수자의 인권 문제에 남다른 촉을 세우며 좀처럼 끝나지 않던 청년기를 지나고 있다. 쓴 책으로《플라이 인 더 시티》,《스포츠 키드의 추억》이 있다.

인권감수성 up

1 〈거짓말〉에는 동성애를 치료해야 할 병으로 여겨 동성애자인 자식을 정신 병원에 보내는 부모가 등장합니다. '나와 다른 성향'을 질병으로 치부하는 사람들에 대해 어떻게 생각하나요? 다른 성향을 가진 사람을 싫어할 수는 있지만 싫다고 표현하거나 바꿀 것을 강요하는 것은 폭력이 될 수 있습니다. 또한 다양성에 대한 경험과 학습이 부족한 우리 사회에서는 소수자에게 일상 그 자체가 폭력이 되는 경우도 있습니다. 현 사회 제도와 문화에서 그러한 경우를 함께 찾아보고 이야기해봅시다.

2 〈동물농장〉의 염소는 양들의 사회에서는 소수자였지만, 다른 동물들이 등장하자 다양한 종의 동물 중 하나가 됩니다. 동성애자, 성전환자, 채식주의자 등 다양한 성향과 취향을 가진 사람들이 늘어나게 되면 다수였던 이들 역시 그들 중에 끼어 있는 하나가 될 뿐입니다. 소수자가 더 이상 소수자가 아닌 사회를 상상하며 함께 이야기해봅시다.

3 우리는 모두 싫어하는 것과 좋아하는 것이 있지만 학교나 회사 같은 단체 생활을 할 때에는 남들과 원만하게 잘 어울리는 사람이 되고 싶어서, 혹은 튀어 보이지 않으려고, 싫어하는 것을 참기도 하고 좋아하는 것을 숨기기도 합니다. 자신의 취향을 분명히 드러내는 사람을 '까탈스럽다', '유별나다'고 손가락질하는 경우도 있습니다. '나'보다는 '우리'를 중시하는 사회 풍조가 깊이 자리하고 있기 때문인데요. 여러분은 〈날아라 펭귄〉의 주훈 같은 사람을 어떻게 생각하나요? 그리고 여러분은 '나'와 '우리' 중 어느 것에 좀 더 중심을 두고 생활하고 있나요?

우리 끼리

"나는 여전히 혼자였지만,
내 손을 잡아줄 친구들이 곁에 있었다."

이주 노동자와 비정규직 문제

우리 안의 타자

조윤호

오늘날 우리는 인권의 홍수 아래 살고 있습니다. 어떤 문제가 발생하면, 그 문제는 금방 '인권 이슈'가 되곤 합니다. 하지만, 이렇게 인권 담론이 보편화된 시대에도 우리 주변에는 아직 인권을 제대로 보장받지 못하는 이들이 있습니다. 이제부터 저는 이들을 '우리 안의 타자'라고 부를 겁니다. 그들은 우리 안에 있습니다. 우리와 같이 생활하고, 같이 일합니다. 하지만 그들은 '우리'가 아닙니다. 다른 사람, 즉 타자입니다.

우리 사회의 대표적인 타자들이 이주 노동자입니다. 그들이 타자인 이유는 그들에게 시민권이 없기 때문입니다. 그들은 우리나라 국적을 가지고 있지 않고, 따라서 국가가 법과 제도를 통해 보장하는 인권을 보장받지 못합니다. 이를 유식한 말로 '성원권'이라고 합니다. 성원권이란 공동체에 속해 있는 것으로 얻는 자격, 공동체의 구성원이 누리는 권리를 뜻합니다. 이주 노동자는 성원권이 없는 존재입니다.

이주 노동자들은 가장 힘들고 어렵고 위험한 일을 하면서도 노동의 대가인 임금도 제때에 받지 못합니다. 일을 못한다고 사장한테 얻어맞고, 못사는 나라에서 왔다고 멸시당합니다. 그뿐만이 아닙니다. 이주 노동자의 대부분은 법적으로 존재하지 않는 사람들입니다. 그들은 '불법 체류자'라는 이유로 언제 쫓겨날지 모른다는 불안감에 시달리며 살아야 합니다.

〈자전거 여행〉은 이러한 이주 노동자들의 현실을 잘 보여주는 영화입니다. 주인공 메하르는 열심히 일을 하지만 임금을 받지 못합니다. 메하르의 동료들도 마찬가지죠. 이에 항의하기 위해 시위를 하자 '빨갱이 짓'을 한다며 사장에게 폭언을 듣습니다. 그러나 결국 사장은 이주 노동자들에게 임금을 주지 않고 도망가버립니다. 사장이 사라진 공장에 불법 체류자 단속이 나오고, 단속원을 피해 도망가던 메하르는 결국 차에 치여 숨집니다.

〈종로, 겨울〉은 인권 침해의 사각지대에 놓인 조선족(중국 동포)들의 현실을 잘 보여주는 영화입니다. 건설 현장에서 조선족들은 찬밥 취급을 당합니다. 사장은 장비 구입과 식비로 돈을 쓰고, 한국인 노동자들의 임금을 다 준 다음 돈이 없다며 조선족 노동자들의 임금은 주지 않습니다. 4~5년 동안 임금이 체불된 조선족 노동자들이 노동부에 항의하지만 노동부는 3년이 지났기 때문에 체불 임금을 받을 수 없다고 말합니다. 조선족 노동자 김인성은 분신자살하고, 또 다른 조선족 노동자 김원섭은 배고픔에 시달리다 거리에서 얼어 죽고 맙니다.

유엔(UN)은 인권으로서의 노동권을 규정하고 있습니다. 그 구성 요소는 다섯 가지입니다. 첫 번째는 강제 노동을 당하지 않을 권리, 두 번째는 고용 시장에 접근할 권리, 세 번째는 안전한 노동 조건과 정당한 보수를 제공받을 권리, 네 번째는 노동조합을 결성할 권리, 다섯 번째는 차별받지 않을 권리와 불공정한 해고로부터 보호받을 권리입니다. 마지막은 실직할 경우 사회 보장을 받을 권리입니다.*

그러나 대한민국의 시민이 아닌, 성원권이 없는 이주 노동자들은 사실상 이 노동권을 보장받을 수 없습니다. 한국 정부는 국익을 내세워 이주 노동자들이 고용 시장에 접

* 앤드루 클레펌, 〈인권은 정치적이다〉(한겨레출판 펴냄)

자전거 여행

비오는 풀밭에 쓰러져 있던 자전거가 홀로 굴러가기 시작한다. 자전거는 그동안 주인과 함께 지나왔던 곳들을 찾아간다. 자전거의 주인은 파키스탄 이주 노동자 메히르. 자전거는 메히르가 연인과 소풍을 간 곳을 지나, 밀린 월급을 받으려다 욕을 먹고 쫓겨난 공장, 그리고 마지막에는 불법 체류자 단속에 쫓기며 자전거를 타고 달리다 트럭에 치인 사고 현장에까지 이른다.

감독·각본: 이성강 | 제작 방식: 셀/컴퓨터 드로잉 애니메이션 | 상영시간: 10분

근할 권리를 제한합니다. 정부가 인정하지 않은 이주 노동자는 불법 체류자입니다. 그리고 조선족들은 다른 나라에서 온 이주 노동자에 비해 더 심한 차별을 받습니다. 〈종로, 겨울〉에 나오는 조선족들은 조선족을 차별하는 재외동포법을 개정해야 한다고 주장합니다. '미국에서 온 사람'은 2년짜리 비자를 받을 수 있고, 연장을 두 번해서 6년까지 체류가 허용되는데다 경제 활동과 부동산 소유까지 다 할 수 있는데 조선족은 그렇지 않다는 겁니다.

안전한 노동 조건과 정당한 보수도 이주 노동자들에게는 꿈같은 일입니다. 영화 〈잠수왕 무하마드〉에는 유독 가스에 노출된 채 일하는 이주 노동자들이 등장합니다. 이들에게 주어진 안전장치는 천 쪼가리 같은 마스크 하나뿐입니다. 한국인 관리자도 "그깟 천 쪼가리 쓰나 마나. 환기 장치도 없는데." "그러니 배부른 조선 놈들은 일하려 드나. 좆도 모르는 깜지 새끼들만 불쌍한 거지"라고 말할 정도입니다. 열심히 일했지만 정당한 보수를 받지 못하는 것도 이주 노동자들에게는 일상입니다.

노동조합을 결성하여 사장에게 저항하라고요? 그냥 해고를 해버리면 끝입니다. 실직할 경우의 사회 보장? 한국인들도 잘 받지 못하는 사회 보장의 혜택을 이주 노동자들이 받다니, 턱도 없는 소리지요.

인권의 기본은 '차별 금지'입니다. 인권은 '모든 인간은 동등하다'는 평등 의식에 기반하고 있기 때문입니다. 그러나 이주 노동자들은 각종 차별에 시달립니다. 피부색이 우리와 다르다는 이유로 멸시의 대상이 되기도 합니다. 〈잠수왕 무하마드〉에 등장하는 한국인 관리자는 무하마드의 까무잡잡한 피부색을 가지고 그를 조롱합니다. "목욕탕 가서 때나 밀다 와. 빡빡 좀 밀어, 하얘지게." "넌 씻으나 안 씻으나 똑같냐." 앞에서도 말했듯이 〈종로, 겨울〉에 등장하는 조선족 노동자들은 같은 민족임에도 법적인 차별에 시달립니다. 영화 속에 나오는 조선족 노동자들은 다음과 같이 말합니다. "잘 살면 내 동포, 가난하면 내 동포가 아닙니까?"

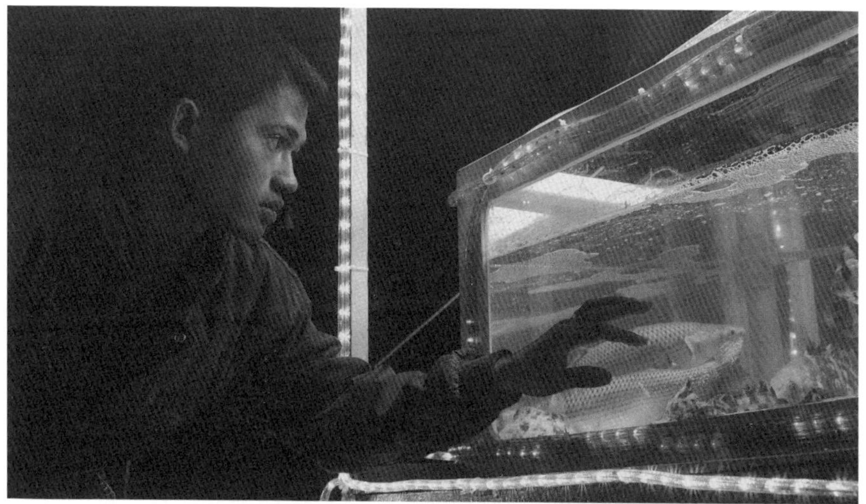

무하마드는 최소한의 노동 조건도 보장받지 못한 채 숨을 참듯이 하루하루를 견뎌냅니다.

이주 노동자들에게 노동권, 인권 침해가 일상이 된 이유는 그들에게 성원권이 없기 때문입니다. 그들은 법적으로 우리 사회의 구성원이 아니며, 그들의 노동권은 이주 노동자를 보내는 나라와 이주 노동자를 받는 나라 간의 협상의 산물일 뿐이지요. 그러나 인간이기 때문에 주어지는 권리인 인권은 절대 협상의 대상이 되어서는 안 됩니다. 인권의 일종인 노동권 역시 당연히 보장받아야 합니다.

어떤 사람들은 이주 노동자들이 이런 대우를 받는 것이 당연하다고 말할지도 모르겠습니다. "외국인이잖아? 외국인들한테까지 왜 그런 혜택을 제공해야 해?" 하지만 〈종로, 겨울〉에 나오듯이 어떤 외국인(동남아시아인, 조선족)은 우리에게 타자이지만, 어떤 외국인(미국인)은 주체입니다. 단순히 '외국인'이라서 당하는 차별이 아닙니다. 또한, 한국인이라도 타자가 될 수 있습니다. 그들이 바로 비정규직입니다.

우리는 비정규직을 흔히 '권리를 상실한 노동자'라 부릅니다. 비정규직은 실제로는 기업에 고용되어 일을 하지만, 법적으로는 고용된 것이 아닙니다. A기업은 하청 업체

종로, 겨울

2003년 12월 9일 새벽, 서울 혜화동 거리에서 중국 동포 김원섭 씨가 동사한 채로 발견된다. 그는 자유이동권리를 위한 재외동포법 개정과 강제 추방 중단을 요구하는 농성을 하고 있었다. 김원섭 씨를 기억하는 사람들은 조선족들이 겪는 일상적인 차별과 불공정한 대우, 그리고 불법 체류로 신고당하는 것에 대한 두려움을 말한다. 김원섭 씨는 농성장을 찾다 길을 잃고 밤새 추위와 굶주림에 떨며 119, 112에 전화를 걸었지만 장난 전화로 오인한 경찰은 제대로 대응하지 않는다. 결국 김원섭 씨는 50여 미터 거리에 경찰서를 두고 동사하고 만다.

감독·편집·구성: 김동원 | 상영시간: 18분

잠수왕 무하마드

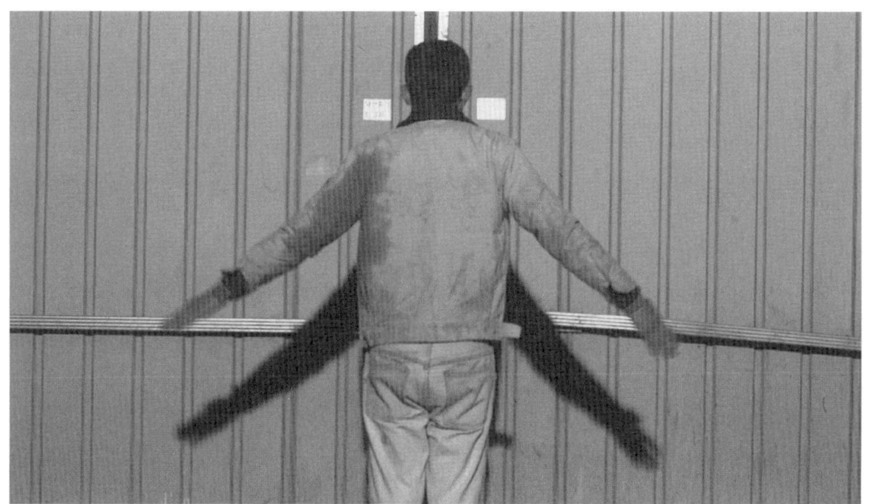

유독 가스에 찌든 공장에서 일하는 청년 무하마드는 안전 마스크를 착용하지 않아 늘 공장장에게 면박을 당한다. 외국인 노동자 불법 체류 단속이 뜨자, 무하마드는 목욕탕으로 몸을 피한다. 무하마드가 탕 안에 들어가 있는 동안 텔레비전에서는 아침부터 밤까지 바다에서 잠수를 하는 놀라운 능력을 가진 타이 청년이 소개되고 있다. 그의 이름은 바로 무하마드. 리포터는 무하마드를 만나기 위해 그의 집으로 찾아가지만 어머니는 그가 돈을 벌러 외국에 갔다고 말한다. 다시 공장으로 들어가기 위해 문 앞에 선 무하마드는 바다 속으로 들어가듯 크게 심호흡을 한다.

감독·각본: 정윤철 | 상영시간: 16분

나 용역 업체와 계약을 맺고 비정규직을 제공받습니다. 비정규직은 실제 일은 A기업에서 하고 임금도 A기업으로부터 받지만, 그의 소속은 하청 업체나 용역 업체이지요. 언제 잘릴지 모르는 파리 목숨에 그 기업의 정규직(성원권이 있는 존재들)이 누리는 혜택은 꿈도 꿀 수 없습니다.

영화 〈나 어떡해〉는 이러한 비정규직의 현실을 적나라하게 묘사하고 있습니다. 비정규직은 정규직에 비해 임금이 지나치게 낮고, 휴가도 턱없이 짧습니다. 주인공 도영철은 어머니가 위독한데도 어머니를 찾아갈 수 없습니다. 임금이 엄청나게 깎이는 데다, 사장 눈에 거슬리면 바로 해고당하기 때문입니다. 도영철의 모습을 보고 있으면 〈종로, 겨울〉에 나오는 조선족 노동자들이 떠오릅니다. 조선족 노동자들은 어머니가 죽어도, 아내가 죽어도, 동생이 죽어도 고향에 가지 못합니다. "차비도 없고, 가면 거지 되는데." 영철은 그래도 한국인이니까 상황이 좀 낫지 않을까요? 영철은 도움을 청하기 위해 노동조합을 찾아가지만, 정규직 노동조합은 하청 비정규직 노동자인 그를 거들떠보지도 않습니다. "우리 밥벌이도 골치 아픈데 비정규직 문제까지. 그렇다고 모른 척할 수도 없고." "그거 조합원용이에요. 하청 직원이죠? 그거 놓고 어서 나가세요." 그는 기업의 구성원이 아닌 타자입니다.

영화 〈고마운 사람〉에서도 비정규직이 처한 현실이 잘 드러납니다. 주인공인 고문기술자 김주중은 햇빛도 보지 못하는 지하실에서 휴일도 없이 일합니다. "이름은 주중인데 주말에도 일해." 부인 생일인데 집에 들어가지도 못합니다. "야, 김 계장 니가 무슨 회사원이냐? 지금 이 지하에서 일하는 놈들 중에 마누라 생일 맞춰 집에 들어가는 놈이 있는 줄 알아?" 계약직이라는 이유로 봉급 외 상여 수당도 받지 못합니다. 김주중은 자신이 고문하던 서울대 학생을 부러워합니다. "서울대라고? 좋겠다. 넌 나중에 좋은 직장 들어가겠네. 돈도 많이 벌고 여덟 시간만 일해도 되고, 직장에서 의료 보험도 나오고, 애들 장학금도 주고. 우리 같은 계약직들은 그런 혜택이라는 게 없어." 이주 노

나 어떡해

2년 뒤 정규직이 될 수 있다는 희망으로 일하는 비정규직 근로자 도영철 씨는 공장에서 지게차를 몬다. 어머니가 위독하다는 소식을 듣고도 휴가를 낼 수 없는 영철 씨. 어머니를 위해 기도라도 드리려고 회사 도서실에서 성경책을 대여하려 하지만 정규직이 아니라는 이유로 거절당한다. 도서실에서 행패를 부린다며 끌려 나온 영철 씨는 어머니가 돌아가셨다는 여동생의 전화를 받는다.

감독: 홍기선 | 상영시간: 17분

동자들만큼, 비정규직들도 노동권을 보장받지 못합니다.

우리 사회의 배제된 자들을 향한 차별은 외국인과 내국인을 가리지 않습니다. 영화 〈믿거나 말거나 찬드라의 경우〉에는 이러한 현실을 잘 보여주는 장면이 등장합니다. 네팔에서 온 이주 노동자 찬드라 꾸마리 꾸룽은 자신의 이름이 아니라 '선미야'라는 이름으로 불립니다. 경찰과 정신 병원, 부녀 보호소, 출입국 관리소는 그녀의 정체성을 자기네 마음대로 규정합니다. 그들이 찬드라를 한국인으로 만든 이유는 그녀의 인권을 보장해주기 위해서가 아닙니다. 그를 정신병자로 만들면 편하게 관리할 수 있기 때문입니다. 그들은 그녀를 우리 중 한 명으로 끌어안기 위해서가 아니라, 우리로부터 배제하기 위해 한국인으로 만든 것입니다.

우리 안의 타자, 이주 노동자와 비정규직은 실제로 열악한 노동 현장에 '함께' 있습니다. 그들이 처한 현실도 비슷합니다. 영화 〈니마〉에서 몽골 출신 이주 노동자 니마는 한국인 여성 노동자 이정은과 함께 호텔에서 청소를 합니다. 니마가 사랑하는 가족들을 보지 못하며 일을 하는 것처럼 정은도 사랑하는 딸을 그리워하며 일을 합니다. 영화 〈바나나 쉐이크〉에서 필리핀 이주 노동자 알빈과 한국인 노동자 봉주는 함께 이삿짐센터에서 일합니다. 알빈이 돈이 필요해 고객의 보석을 훔친 것처럼 한국인 봉주도 돈이 필요해 고객의 보석을 훔칩니다.

이주 노동자에겐 정치에 참여할 권리도, 시민권도 없습니다. 한국 시민인 비정규직들은 어떨까요? 한국정치학회가 비정규직 노동자 840명을 대상으로 설문 조사를 했습니다. 18대 총선 투표에 참여하지 않은 비정규직 중 64.1%가 '참여가 불가능한 상황'이라고 대답했습니다. 근무 시간 중 외출이 불가능해 투표를 못했다고 말한 응답자는 42.7%였고, 투표를 위해 자리를 비울 경우 임금이 깎인다는 응답은 26.8%였습니다. 일반 응답자 가운데 '개인적 일 또는 출근'을 이유로 투표를 하지 않은 비율이 36.6%인 것과 비교하면 비정규직이 고용 불안과 열악한 노동 조건 때문에 투표에 참

고마운 사람

학생 운동을 하다가 붙잡힌 주인공 윤경신과 그를 고문하는 수사관 김주중. 경신은 입을 열지 않고 그를 고문을 하느라 주중은 퇴근하지 못한다. 그는 봉급 외 수당 없이 일해야 하는 비정규직이다. 주중은 경신에게 비정규직 처우 개선을 위해서도 데모를 해 달라고 부탁하고, 고문당할 때 괴로움을 최소화할 수 있는 방법을 알려 주기도 한다. 수갑을 풀고 함께 오목을 두기도 하는 두 사람. 주중은 경신에게 교대 근무하러 오는 수사관에 대해 알려 주고는 자리를 뜬다.

감독·각본: 장진 | 상영시간: 24분

믿거나 말거나 찬드라의 경우

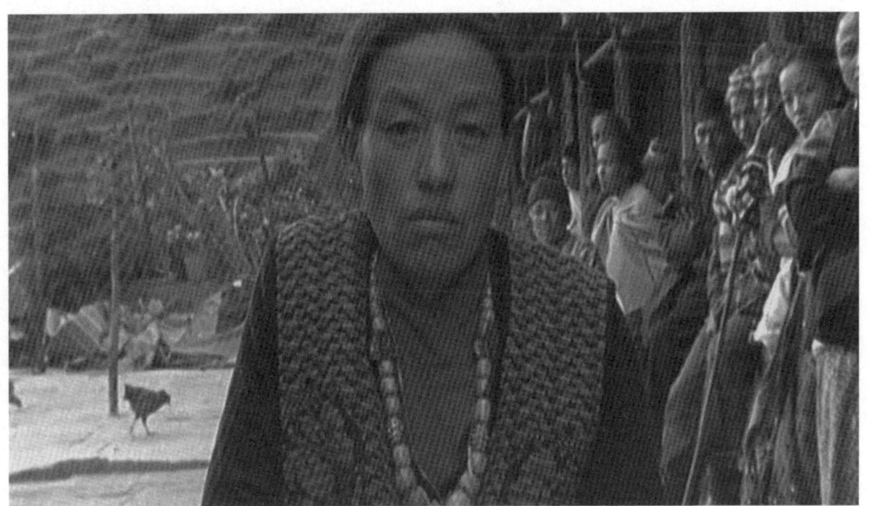

1999년, 서울의 한 섬유 공장에서 보조 미싱사로 일하던 네팔 노동자 찬드라 구룽의 실제 사건을 다루고 있다. 찬드라는 식당에서 계산 문제로 오해가 생기자 경찰에 잡혀간다. 경찰은 한국인과 외모가 비슷하면서 말을 더듬는 찬드라를 행려병자로 취급해, 결국 6년 4개월 동안 정신 병원에 수감한다. 나중에 신원이 밝혀져 다시 네팔로 돌아간 찬드라를 직접 만나러 간 감독에게 찬드라는 아무런 원망도 없으며 오히려 소송과 모금을 해준 한국인들에게 고맙다고 말한다.

감독·각본: 박찬욱 | 상영시간: 28분

니마

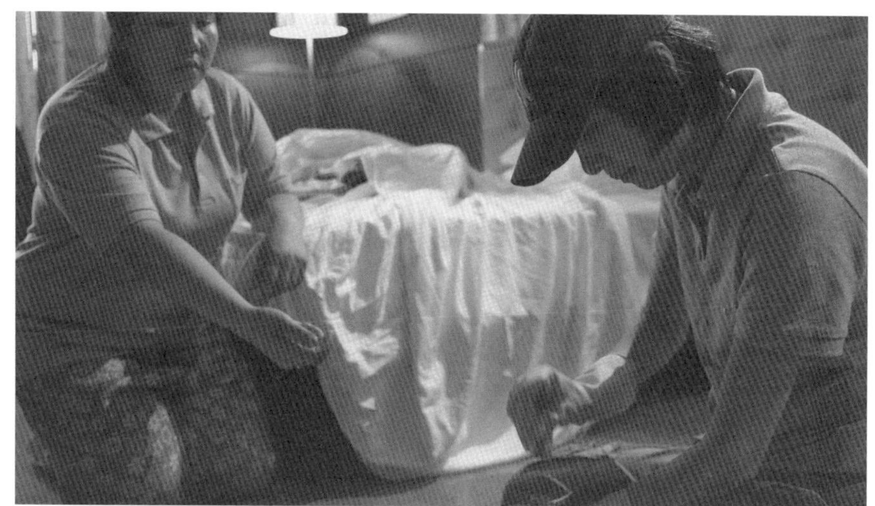

몽골에서 온 이주 노동자 니마는 4년째 모텔에서 일하고 있다. 어느 날, 처음으로 한국인 파트너 정은을 맞아 기쁜 마음에 이것저것 말을 걸어보지만 성은은 무뚝뚝하기만 하다. 출산을 앞둔 딸에게 전화로 통증을 완화시키는 호흡법을 가르쳐 주는 니마. 조용히 배려해 주는 니마에게 서서히 마음을 여는 성은. 어느 날 두 사람은 남자에게 매맞고 도망온 여자를 구해주지만 지배인은 남의 일에 끼어들 만큼 한가하냐며 이들을 비난한다.

감독·각본: 부지영 | 상영시간: 23분

여하지 못하는 비율이 월등히 높은 셈입니다. '권리를 박탈당한 노동자'라는 수식어를 '시민권을 박탈당한 노동자'라는 수식어로 대체해도 별 문제가 없을 것 같습니다.

하지만 이들 없이 우리 사회가 돌아갈 수 있을까요? 한국의 모든 청소 노동자가 딱 사흘만 파업한다고 생각해봅시다. 공장의 모든 이주 노동자와 비정규직 노동자가 한꺼번에 일손을 놓는다고 생각해보세요. 상상만 해도 끔찍하지 않나요? 한국 사회는 아마 멈춰버릴 겁니다. 꼭 필요하지만, 아무도 하려 하지 않는 일을 비정규직과 이주 노동자들이 도맡아 하고 있습니다. 고대 그리스의 민주주의는 생산을 담당한 노예들 덕분에 가능했습니다. 어쩌면 한국이 경제 문제에 크게 얽매이지 않으면서 민주주의를 누릴 수 있는 이유도 이 타자들 덕분이 아닐까요?

우리 사회를 책임지지만 우리 사회로부터 가장 배제된 존재들, 이들의 처우와 권리에 대해 고민하지 않으면서 민주주의에 대해 말할 수 있을까요? 이들이 바라는 건 '특혜'가 아닙니다. 그저 다른 사람들이 누릴 수 있는 권리와 똑같은 권리를 달라는 겁니다. 차별하지 말고 평등하게 대우해달라는 겁니다.

거리에서 죽은 조선족 노동자 김원섭 씨의 수첩에는 '자유왕래'라는 네 단어가 쓰여 있었습니다. 〈자전거 여행〉의 메하르가 애인 알마니에게 소풍 가자고 말하자 알마니는 "한국 사람들이 보잖아"라고 말합니다. 메하르는 "뭐 어때, 우리도 놀 수 있어"라고 대답합니다. 〈고마운 사람〉의 김주중은 데모하다 잡혀온 서울대 학생에게 다음과 같이 말합니다. "나중에 우리 같은 사람들 처우 개선에 대해서도 데모 좀 해라. 비정규직도 사람이다! 거 귀에도 안 들어오는 민중이 어쩌고저쩌고 민주주의가 어쩌고저쩌고 하지 말고." 〈나 어떡해〉에서 한 비정규직 노동자는 다음과 같이 말합니다. "동일노동, 동일임금 아닌가요?"

이주 노동자들과 비정규직들이 바라는 건 대단한 게 아닙니다. 김원섭 씨가 바란 건 고향과 한국을 자유롭게 오가는 것이었습니다. 메하르와 알마니가 바란 건 차별받지

바나나 쉐이크

이삿짐센터에서 일하는 봉주는 어느 날, 집주인의 패물함에서 우발적으로 목걸이를 훔친다. 하지만 필리핀 출신의 이주 노동자인 동료 알빈이 절도범으로 의심을 받게 되고, 봉주는 알빈이 훔치지 않았다고 편들어준다. 그러나 알고 보니 봉주와 알빈, 둘 다 귀금속을 훔쳤던 것. 우여곡절 끝에 일을 해결하고 두 사람은 기차역에 앉아 알빈의 고향인 보라카이 관광 안내판을 보며 미래를 이야기한다.

감독·각본: 윤성현 | 상영시간: 37분

않으며 한국 사람처럼 놀고, 소풍도 가고, 일도 하면서 행복하게 사는 것이었습니다. 김주중이 바라는 건 '비정규직도 사람'이라는 사실이 관철되는 사회, 정규직 노동자들과 같은 대우를 받으며 사는 사회입니다. 비정규직 노동자가 바라는 건 정규직과 같은 노동을 하니 같은 임금을 달라는 것뿐입니다.

그런 그들에게 우리 사회는 뭐라고 대꾸하고 있습니까? 더 열심히 살면 된다고 말하고 그만 아닙니까? 〈자전거 여행〉의 한국인 사장은 "돈 벌러 왔으면 일이나 할 것이지"라고 말합니다. 〈고마운 사람〉에 나오는 김주중의 상사 역시 열심히 일이나 하라고 말합니다. "이해하고 참고, 열심히 일해서 연말에 수당이나 더 받고." 〈나 어떡해〉에 등장하는 영철의 용역 업체 사장은 "꼴리는 대로 세상 살려면 회사 관두라구"라며 좌절하는 영철을 뒤로한 채 신문을 펼칩니다. 그리고 이어 말합니다. "요샌 왜 이렇게 자살하는 것들이 많은 거야. 그 맘 가지고 살아봐라." 이 말은 우리 사회가 차별 철폐와 정당한 권리를 요구하는 타자들에게 하는 말이 아닐까요?

우리는 비정규직과 이주 노동자들에게 빚을 지고 있습니다. 그들은 자신들의 존재를 통해 우리 사회가 타자에게도 인권을 보장할 수 있는 성숙한 사회인지에 대한 질문을 던지고 있습니다. 이제 그 빚을 갚을 때입니다. 그들의 고통과 죽음을 그들 책임으로 돌리는 짓을 멈추고, 그들을 차별하지 않을 방법을 모색하고, 실천해야 할 때입니다.

조윤호
서울시립대학교에서 국제관계학을 공부하고 있다. '사회를 변화시키는 개인의 의지'를 모토로 여러 매체에서 글쟁이로 활약했다. 쓴 책으로 《개념찬 청춘》이 있다.

인권감수성up

1 한국말이 어눌한 찬드라는 경찰, 의사, 간호사 등 여러 사람을 만나지만 누구도 그녀가 외국인이라는 사실을 알아채지 못합니다. 특별한 악의도 없는 사람들이 한 사람을 6년이 넘는 시간 동안 가둬놓은 셈이지요. 찬드라를 정신 병원에 가둔 것은 악한 한 사람이 아니라 다수의 무관심과 무지였습니다. 또 다른 찬드라를 무관심의 감옥에 가두지 않으려면 우리는 어떤 노력을 해야 할까요?

2 〈고마운 사람〉은 뜻밖에도 김주중이라는 고문 수사관에 대한 이야기입니다. 그는 고문 수사관이긴 하지만, 비정규직으로 열악한 조건을 감내하며 일하고 있습니다. 폭력을 이용해 타인의 인권을 짓밟는 고문 수사관의 인권도 과연 존중받을 가치가 있을까요? 직업의 비윤리성과 직업인으로서 보장받아야 할 최소한의 권리 중 우리는 어느 쪽에 초점을 맞춰야 하는 걸까요?

3 〈잠수왕 무하마드〉에 등장하는 무하마드는 유독 가스가 나오는 공장의 일꾼이자 세계 최고의 잠수 능력을 가진 청년입니다. 이 영화는 무하마드를 통해 무엇을 이야기하고 싶었을까요?

4 〈바나나 쉐이크〉의 봉주와 알빈이 나누는 대화에서 알 수 있듯이 여러분도 그들이 온 나라에 가서 일하면 '외국인 노동자'가 됩니다. 여러분은 '외국인 노동자'라고 하면 어떤 모습을 떠올리나요? 피부색이 검은 아랍인이나 동남아인? 가난한 나라에서 온 사람? 혹시 '외국인 노동자'라는 이름을 한 가지 이미지에 가두어놓고 있지는 않나요?

"내가
돈을 많이 줄 거면
너 같은 놈을
쓰겠냐?"

장애인 인권

대륙횡단, 그 이후 10년 옆 사람이 보이시나요?

여균동

장애인 영화 하면 무엇이 떠오르나요? 문소리가 뇌성마비 장애인 한공주 역을 맡아 열연했던 이창동 감독의 〈오아시스〉(2002년)란 영화로부터 〈맨발의 기봉이〉(2005년), 〈말아톤〉(2006년), 〈블라인드〉(2011년)를 거쳐 최근의 화제작 〈도가니〉(2011년)에 이르기까지 적지 않은 한국 영화가 있습니다. 대부분 전문 배우가 장애인 연기를 했던 작품들이지요.

그러나 인권위원회에서 만든 〈여섯 개의 시선〉 중 장애인 이동권을 다룬 단편 〈대륙횡단〉(여균동 감독)에 출연한 배우 김문주 씨는 실제로 뇌성마비 장애인입니다. 대륙횡단이 만들어진 지 10년, 김문주 씨는 어떻게 변했고, 장애인 문제는 무엇이 달라졌을까, 그것이 궁금했습니다. 그래서 그를 만나기 위해 대학로에 있는 노들장애인 야학을 찾았습니다.

그 당시 노들장애인야학 학생이면서 검정고시를 준비하던 서른 살의 김문주 씨는 이제 마흔 줄에 들어선 아저씨가 되었습니다. 중학교, 고등학교 검정고시를 거쳐 현재 한국방송통신대학교에 휴학 중인 늦깎이 대학생이고, 학교나 노동조합 등에서 〈대륙횡단〉을 상영하면서 장애인 인권 교육을 하고, 교육이 끝나면 사인도 해주는 나름 스타(?)가 되었습니다. 그리고 촬영 당시 '장애인 이동권'을 위해 광화문 사거리를 목숨 걸고 횡단했던 그는 여전히 '장애등급제 폐지'를 위해 광화문에서 연좌 농성을 하는 활동가입니다.

그에게 지난 10년 동안 장애인의 현실이 어떻게 바뀌었는지 물었습니다. 그는 먼저 '병신'이란 말이 없어졌다고 했습니다. 어린 시절, 그런 말을 들으면 무척이나 화가 났다고 합니다. 한때 '장애우'란 말이 쓰이기도 했지만, 장애인의 입장에서 볼 때 주체성이 없는 호칭이라고, 공식 호칭은 '장애인'으로 불러달라고 옆에 있던 박경석 노들장애인야학 교장이 거들었습니다. 장애인을 비하하거나 동정하는 태도가 아니라 동등한 인격체로 대우해달라는 말이겠지요.

"왜 광화문 네거리를 횡단하셨어요?"

"그동안 장애인들이 아무것도 안 하고 있었기 때문에 안 됐다고, 무엇인가 행동해야한다고 생각했기 때문이죠. 그전까지 장애인을 시혜나 동정의 대상으로 생각했다면, 장애인 스스로 주체적으로 일어서는 모습을 통해 비장애인들의 시각에 변화를 가져왔다고 할까요?"

사실 〈대륙횡단〉의 마지막 장면은 상당한 논란을 가져온 장면입니다. 김문주 씨의 동의를 얻어 목숨을 걸고 찍은 장면이니까요. 저예산으로 촬영하는 만큼 대륙과도 같은 광화문 네거리를 횡단하는 데 배우의 안전을 담보할 수 없는 상황이었습니다. 실제로 촬영에 참여했던 카메라팀이 윤리적인 문제를 들어 촬영을 거부하는 바람에 새로운 스태프를 구해야 했으니까요. 화면에 나오는 경찰도 진짜 경찰입니다. 그들에게 그들의 매뉴얼대로 행동해달라고 했습니다. 지나가는 차량도 실제고요. 나중에 안 사실인데, 서너 번 반복해서 촬영을 하는 동안 문주 씨가 경찰의 제지에 항거해 광화문 네거리 한복판에 드러눕는데도 지나가는 차 중에서 어느 한 명 차에서 내려 도와주는 사람이 없더군요. 오히려 빵빵대기나 하지.

대륙횡단

뇌성마비 2급 장애인 김문주 씨의 일상을 열한 개의 에피소드로 엮어냈다. 문주 씨는 일을 하고 싶지만 장애로 인해 취업은커녕 외출조차 힘들다. 문주 씨가 18년 만에 외출을 해 좋아하는 여자에게 고백을 하고 친구를 만나 술을 마시는 일상을 따라가다보면 장애인으로 살아가기 위해서 감내해야 할 불합리함과 편견으로 가득 찬 우리 사회를 맞닥뜨리게 된다. 〈대륙횡단〉은 문주 씨가 장애인의 이동권 투쟁을 위해 횡단보도 없는 광화문 네거리를 무단 횡단하는 마지막 에피소드의 제목이다.

감독·각본: 여균동 | 상영시간: 15분

"그런데 그 후 광화문 네거리는 어떻게 되었나요?"

"네, 덕분에 광화문 네거리에는 보행자를 위한 신호등과 횡단보도가 설치되었습니다. 서울시에서는 원래 계획이 있었다고 말할지 모르겠지만, 저희는 이 영화 때문이라고 우기고 있는 거죠."

노들장애인자립생활센터 활동가들, 야학의 학생, 교사들과 함께 인권위원회에서 만든 영화를 함께 보면서 계속 이야기를 나누었습니다. 실제 교육 현장에서 〈대륙횡단〉은 초등학교 고학년이나 중학생 정도 되어야 토론할 수 있는데, 〈낮잠〉은 초등 저학년이나 유아들도 함께 볼 수 있어서 좋았다고 합니다.

여기서도 역시 장애인 이동권이 문제가 되는군요. 휠체어를 타고 있는 주인공을 버스뿐 아니라 택시기사까지 모른 체하며 지나갑니다. 팔다리가 기형인 아이를 받아주는 어린이집도 없습니다. 혹시나 받아주는 데가 있어도 이번에는 높다란 계단이 문제입니다. 장애 어린이도 교육을 받을 권리가 있는데 말이죠. 더 무서운 것은 장애인을 마치 괴물이나 바이러스처럼 바라보는 주변 사람들의 시선입니다. 아이의 아빠는 집을 팔아 이사를 가면서 아이의 의족을 마련합니다. 이때 드는 막연한 생각. 의족이나 휠체어도 의료 보험이 적용될까? 아니면 정부에서 지원을 해주나? 전동 휠체어를 사려면 꽤 비쌀 텐데……. (현재 휠체어를 살 때 정부의 지원금은 180만 원이라고 합니다. 그러나 제대로 된 휠체어를 사려면 300만~500만 원은 주어야 합니다.)

〈언니가 이해하셔야 돼요〉는 다운증후군 은혜의 실생활을 찍은 영화입니다. 친구들에게 '뚱보메기'라고 놀림당하고, 컴퓨터에 매달려 있고, 친구가 없어 가상의 친구를 만들어 대화하며 놀지만, 은혜는 어눌한 어조로 느리지만 당당하게 말합니다.

"내 앞에서 장애인 이야기 하지 마세요."

"나 같은 인간은 사람이 아닌가?"

아이는 불편한 일상을 잊기라도 하려는 것처럼 아빠의 곁에서 단잠에 빠져 듭니다.

"어떤 아이가 있었는데요, 진짜 나쁜 애 아니거든요? 그러니까 언니가 이해하셔야 해요."

'비장애인이 장애인을 이해할 수 있을까? 내가 정말 은혜를 이해할 수 있을까?'

활동가들은 말합니다. 지금까지의 장애인 인권 교육은 장애인을 이해하기 위한 교육과 장애인을 대하는 에티켓 교육, 아니면 장애 체험 교육이 전부였다고. 하지만 우리가 노인 공경이나 예절을 책으로 배우는 것이 아니라 생활 속에서 은연중에 보고 배우듯이, 장애인 문제도 자주 만나고 부딪히고 함께 살아가면서 저절로 익히는 것이라고.

또 다른 애니메이션 〈세 가지 소원〉에선 주인공 명선 앞에 세 가지 소원을 들어주는 요정이 나타납니다. 시각 장애인인 명선은 요정의 안내로 평소에는 잘 다니지 않던 시장 골목에 들어섭니다. 시각 장애인의 간절한 소원은 무엇일까요? 당연히 눈을 뜨는 것입니다. 하지만 이 소원은 제외됩니다. 이 세상을 깜깜하게 하는 것, 이 또한 들어줄 수 없습니다. 왜냐하면 다른 사람에게 영향을 주는 것은 안 되기 때문입니다. 여러분

낮잠

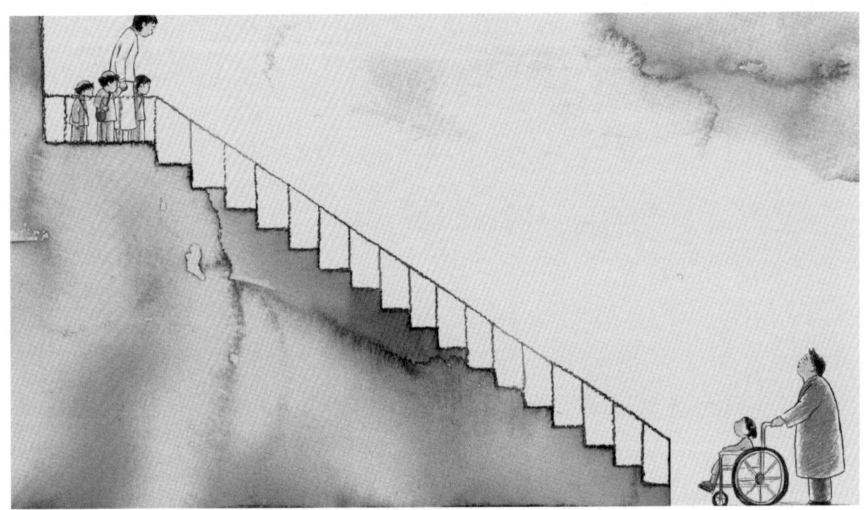

손가락과 다리가 없는 바로는 유치원에 다니고 싶지만 입학을 거절당한다. 마침내 바로를 반겨주는 유치원을 찾아내지만 이번에는 높은 계단 때문에 휠체어를 타고 오를 수가 없다. 아빠는 집을 팔아 바로에게 의족을 사준다. 의족을 신고 산책을 하던 바로는 쓰레기장에 버려진 강아지를 데리고 와 아빠와 함께 낮잠을 잔다.

감독: 유진희 | 제작 방식: 드로잉 2D 애니메이션 | 상영시간: 13분

언니가 이해하셔야 돼요

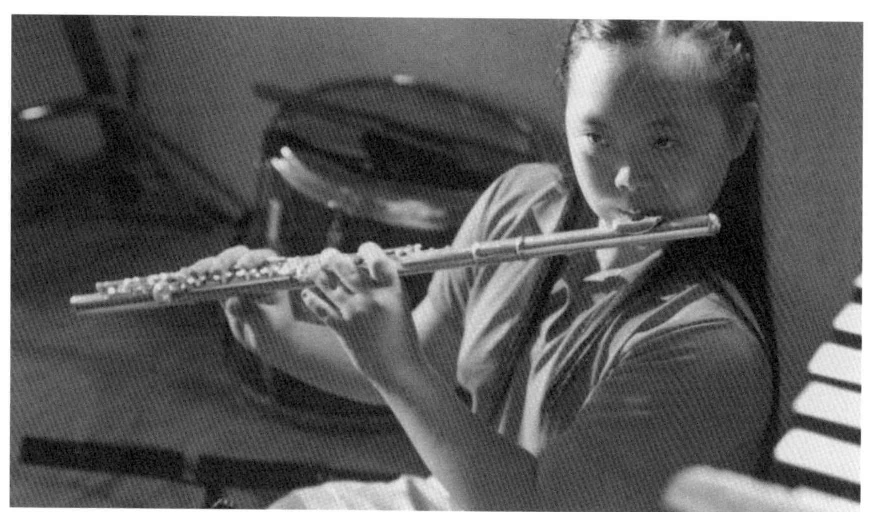

나운증후군인 은혜는 학교에서 놀림을 받지만 기죽는 법 없이 상상 속의 친구들을 불러내서 수다를 떨기도 하고 플루트 부는 것을 좋아하고 엄마에게 춤을 춰주기도 하는 발랄한 소녀이다. 은혜가 가장 좋아하는 사람은 함바집 이쁜이 아줌마다. 아줌마는 은혜의 마음을 누구보다 잘 이해하는 가장 친한 친구이다. 은혜는 집에 놀러온 엄마 친구들에게 무서운 얘기를 해 주지만 다들 지루해하자 상상 속 지영이를 불러내서 이야기한다.
"근데요, 어떤 애가 있는데요, 나쁜 애가 아니거든요. 언니가 이해하셔야 해요."
감독·각본: 박경희 | 상영시간: 22분

이 시각 장애인이라면 어떤 소원을 빌겠습니까?

꿈속에서도 앞이 보이지 않는다는 소녀는 그래도 꿈꾸는 동안은 행복합니다. 차도 없고 자신을 더럽다고 생각하는 사람들도 없는, 뛰어다녀도 넘어지지 않고 마음껏 달릴 수 있는 유일한 공간이니까요.

10년이면 강산도 변한다는데, 장애인의 현실은 그다지 달라져 보이지 않았습니다. 그동안 장애인들의 투쟁으로 여러 가지 법이 제정되고 장애인 지원이 제도화되었지만 예산이 없어서 시행이 안 되고 있는 경우 — 저상 버스 도입, 특수 교사 채용 등 — 가 많답니다.

그러나 장애인들의 의식에는 많은 변화가 있었음을 느꼈습니다. 장애인들은 이제 스스로 목소리를 내기 시작했습니다. 자신을 부끄러워하지 않고 남 앞에 자신의 모습을 드러내기 시작했습니다. 장애인 인권 영화제도 열립니다. 장애인 당사자들이 직접 제작한 장애인들의 삶을 주제로 한 영화들을 상영하며 장애인의 현실을 생생히 전하는 것은 물론, 장애인에 대한 인식도 바뀌기를 바라는 마음에서지요.

노들장애인야학 교장인 박경석 씨는 그동안의 운동이 장애인 이동권이나 교육권, 장애인 활동 보조 서비스 등 기본권 확보를 위한 '투쟁'이었다면, 현재 진행 중인 '장애등급제, 부양의무제 폐지운동'은 한마디로 기존의 개념을 없애는 '혁명'이라고 말합니다. 문제로 정의되던 사람들이 자신의 문제를 정의하기 시작하는 것이 '혁명'입니다. 이것은 단순히 잘 먹고 잘 살기 위한 기본권 투쟁이 아니라 자신의 정체성을 찾기 위한 투쟁입니다.

인간은 모두 다릅니다. 어딘가 우리 몸의 한 군데쯤은 뭔가 남들과 다르니까요. 결국 이 세상 사람들은 모두 장애인이 아닐까요? 만약 느리게 걷기 대회를 연다면 어떻게

세 가지 소원

시각 장애인인 명선에게 어느 날 '소원실행위원회'의 요정이 나타나 세 가지 소원을 들어주겠다고 한다. 요정은 소원을 이뤄주고 일찍 퇴근하고 싶은 욕심에 명선에게 자기가 나타난 것으로 소원 하나는 이룬 것이니 나머지 두 개를 빨리 말하라고 다그치며 명선을 따라다닌다. 시장에서 아주머니에게 더러운 신발을 저리 치우라는 얘기를 들은 명선은 두 번째 소원으로 예쁜 새 신발을 달라고 한다. 그리고 마지막 하나 남은 소원을 고민하며 밝은 길로 걸어간다.

감독: 안동희, 류정우 | 제작 방식: 드로잉 2D 애니메이션 | 상영시간: 13분

될까요? 왜 우리는 빨리 뛰기 대회만 여는 걸까요? 지금 누구와 함께 뛰고 있는지 한 번쯤 생각해봅시다. 옆 사람이 보이시나요?

영화를 같이 보고 이야기를 나눈 이들, 가나다순

김경남 (노들장애인야학 학생)
김문주 (노들장애인자립생활센터 활동가)
김유미 (노들장애인야학 상근교사, 〈비마이너〉 부편집장)
박경석 (노들장애인야학 교장)
심정구(노들장애인야학 사무국장)
안민희 (노들장애인자립생활센터 활동가)
정인구 (노들장애인야학 상근교사)

여균동
영화감독. 1995년 〈세상 밖으로〉라는 심상치 않은 영화를 내놓으며 데뷔했다. 정치 운동가로서의 숨길 수 없는 '끼'를 드러내며 평화로운 세상을 위해 종횡무진 활약하고 있다. 쓴 책으로 《아큐, 어느 독재자의 고백》이 있다.

인권감수성 up

1 장애인은 불쌍하고 도움을 줘야 하는 사람이라는 생각을 하고 있진 않나요? 비장애인들의 '당연히 그렇겠지' 하는 편견이 장애인들을 '그럴 수밖에' 없는 상황에서 빠져나가지 못하게 합니다. 마치 〈대륙횡단〉의 문주 씨가 외출을 하려는데 집 안으로 들어가도록 도와주는 이웃집 아주머니처럼 말이지요. 장애인에 대한 비장애인의 시선에 대해 이야기해봅시다. 그리고 장애인과 비장애인이 함께 '불편하지 않은' 세상에 대해 생각해봅시다.

2 〈대륙횡단〉에는 한 장애인이 지하철의 장애인용 리프트를 이용하는 장면이 나옵니다. 리프트는 계단을 오르내리는 비장애인들의 옆에서 지나치게 천천히 움직입니다. 이동하는 내내 음악까지 흘러나와 시선을 집중시킵니다. 감독은 이 에피소드에 '음악 감상 시간'이라는 제목을 붙였네요. 장애인을 위한 시설이지만 장애인의 입장을 고려하지 않고 만든 시설물이지요. 우리 주위에서 이런 예를 찾아보고 개선 방안을 생각해봅시다.

3 〈낮잠〉의 바로는 장애인이라는 이유로 유치원 입학을 거부당합니다. 그리고 〈언니가 이해하셔야 돼요〉의 은혜는 장애인이라서 친구들에게 놀림을 받습니다. 아직 판단력이 흐린 어린아이들의 경우, 비장애인이 장애인에게 거부감을 표현하고 따돌리는 문제가 생길 가능성이 높습니다. 학교나 유치원에서는 이런 문제를 방지하기 위해 비장애인과 장애인을 분리해서 문제가 일어날 여지를 두지 않으려고 하기도 합니다. 여러분은 학교 측의 이러한 방침을 어떻게 생각하나요? 장애인과 비장애인 모두를 위해 가장 이상적인 방안은 무엇일까요?

앞선 기술로 앞선 생활을 만듭니다
KT

나뭇잎은 흙으로 돌아갈 때에야
더욱 경건하고
사람들은 적막한 바람속에 서서야
비로소 아름다운가
"뇌성마비라서 안 되는 것이 아니라
네가 아무것도 안 하고 있어서 안 되는거야."

인종 차별

색맹이 되자

신윤동욱

'검은 것이 아름답다(Black Is Beautiful).' 《작은 것이 아름답다》(Small Is Beautiful)는 제목의 에른스트 슈마허의 책이 있습니다. 발전과 개발이 무조건 좋다는 관념에 물든 사람들의 생각을 뒤집는 책이죠. '큰 것이 좋다'는 성장 지상주의를 비판한 책인데요. 구호로도 아주 유명해요. 이제는 여러분도 아시죠? 지나친 개발이 꼭 좋기만 하던가요? 개발이 불러온 인간과 공동체 파괴의 후유증을 인류가 자각하면서 '작은 것이 아름답다'는 생각이 널리 퍼지게 됐죠. 도시도 무조건 크기보다는 적당한 크기일 때 사람이 살기에 더 좋고, 건물도 적당한 크기라야 들어가서 헤매지 않은 경험, 한번쯤 해 본 적이 있을 거예요.

이렇게 당연하다고 생각해온 통념에 대한 반성은 인종 문제에도 영향을 끼치게 됩니다. 사람들은 오랫동안 백인이 가장 우월한 인종이라고 생각해온 경향이 있어요. 그들이 근대적 개발의 주도자였기 때문이죠. 서구 문명의 한계가 드러나면서 이런 생각에 의문을 제기하는 흐름이 나타나게 되는데요. 1970년대 미국 등에서 벌어진 흑인 인권 운동도 그 흐름의 한 줄기예요. 이런 생각을 가진 사람들이 '작은 것이 아름답다'는 문장을 빌려와 '검은 것이 아름답다'는 구호를 외치게 됐죠.

요즘 흑인 하면 생각나는 유명한 인물은 누구인가요? 아마도 미국의 버락 오바마 대통령이 아닐까 싶은데요. 2008년 그가 미국의 대통령으로 뽑힐 당시 특히 젊은 층에 인기가 좋았어요. '체인지'(Change)라는 구호를 앞세운 젊은 흑인 대통령 후보에 미국의 젊은이들이 열광한 거지요. 당시에 본 기사에 이런 구절이 있었어요. '미국의 젊은이들은 인종에 관해선 색맹이다.' 백인, 흑인, 아시아인, 라틴계, 혼혈인 등 다양한 인종이 모여 사는 미국의 학생들은 학교에서, 동네에서, 일상에서 자연히 다른 피부색의 친구들과 어울리게 되고, 그러면서 자연스레 피부색에 대한 편견이 옅어졌다고 해요. 물론 아직 미국의 주류 사회는 백인 위주지만, 평범한 이들의 감수성은 많이 변했다고 합니다. 이렇게 뒤섞여 살면서 미국 젊은이들이 사람을 '어떤 피부색이냐'로 판단하지 않게 됐다는 거지요. 그래서 미국의 젊은이들은 피부색에 관해서는 '색맹'이라는 표현이 나왔답니다.

〈험난한 인생〉에도 같은 대사가 나와요. "재 색맹인가봐." 영화에 나오는 한국인 소녀가 주인공 경수를 두고 하는 말이에요. 〈험난한 인생〉의 주인공은 초등학생들이에요. 이날 소녀는 경수의 생일잔치에 초대되어 갔습니다. 그런데 경수가 여자 친구라며 데려온 '제인'이 흑인이었던 거지요. 경수에게 은근히 관심이 있던 소녀는 비꼬는 투로 "경수 재 미친 거 아냐. 색맹도 아니고"라고 말하지요. '미국의 젊은이들은 색맹이다'라고 말할 때와 반대 의미로 '색맹'이라는 말을 쓴 거예요. 미국의 젊은이들이 인종적 편견이 거의 없다는 뜻으로 쓰인 말이 영화에서는 '너는 피부색도 못 알아보는 멍청이냐'는 뜻으로 나옵니다.

경수 엄마도 외국인 강사가 가르치는 영어 학원에 다니는 아들이 생일잔치에 여자 친구로 '학원 선생님 딸'을 데리고 온다고 했을 때, 당연히 백인 여자아이인 줄 알았나봐요. 막상 경수가 피부색이 검은 여자 친구를 데리고 오자 엄마도 깜짝 놀랍니다. 놀라는 정도가 아니라 학원에 항의 전화를 하지요. 경수가 처음 학원에 상담받으러 갔을

험난한 인생

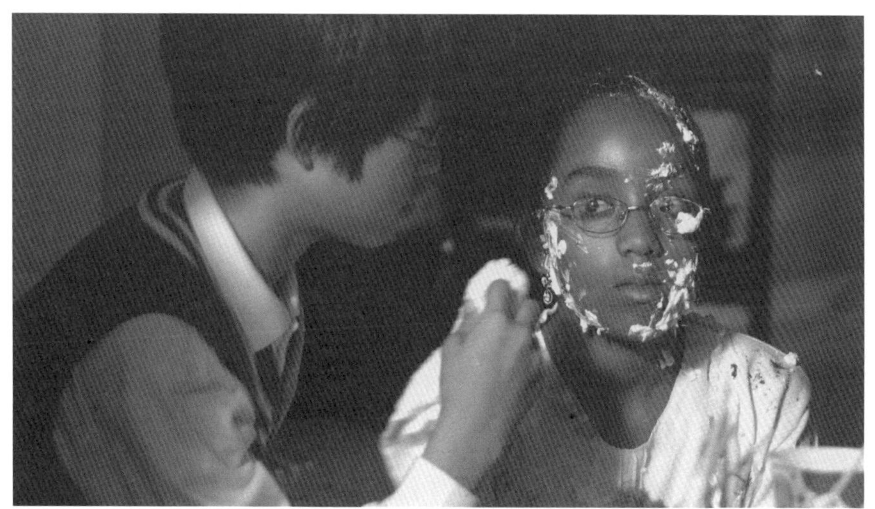

경수의 럭셔리한 생일잔치. 친구들이 한자리에 모인 가운데 경수는 영어 학원 선생님의 딸이자 여자 친구인 제인을 데리고 와 소개한다. 제인이 흑인이라는 사실에 놀란 엄마는 백인 선생님을 배정해주겠다던 학원장의 약속을 기억해내고 학원에 전화를 건다. 친구들은 제인에게 인종 차별적인 발언을 쏟아내고 제인은 당황해서 눈물을 글썽인다. 엄마는 백인 선생에게서 어떻게 흑인 아이가 나올 수 있냐며 인터넷에 검색까지 해보고, 경수는 실랑이 끝에 생일 케이크로 범벅이 되어버린 제인의 얼굴을 닦아주며 사과한다.

감독·각본: 노동석 | 상영시간: 15분

때, 한국인 상담 교사가 "저희 선생님은 전부 오리지널 백인이고 금발이세요"라고 말했거든요. 차별이 '듬뿍' 담긴 말이죠. 선생님이 '금발에 백인'이라야 엄마들이 '내 아이가 진짜 영어를 배우는구나.' 하고 안심하는 우리의 편견이 담겨 있으니까요. 이런 말을 듣고 아들을 비싼 학원에 보냈는데, 선생님 딸이라고 데려온 친구가 흑인이었으니 깜짝 놀라 학원에 항의 전화를 하는 거지요.

심지어 아이들은 자기들끼리 제인을 두고 "지구 탐험대 보니까 아프리카 사람들은 다 벗고 다니던데, 벗어보라고 할까?" 같은 심한 말도 해요. 흑인이면 모두 아프리카 출신이라는 잘못된 생각을 가지고 있는 거지요. 이미 지구촌 곳곳에 흑인들이 살고 있는데 말이에요. 이렇게 〈험난한 인생〉은 초등학생들의 말과 행동을 통해서 한국인 안에 스며든 인종 차별을 드러내는 영화예요. 경수 엄마는 분명히 경수의 영어 선생님이 백인인데, 어떻게 백인의 딸인 제인이 "회색"도 아니고 "검은색"이냐고 하지요. 피부색에 관한, 아니 세상에 관한 '우리의 흑백 논리'가 단박에 드러나는 거죠. 나중에 보니 제인의 엄마는 백인, 아빠는 흑인입니다. 누구의 아들딸이라고 하면 무조건 그 부모가 낳았다고 생각하는 경수 엄마와 달리 제인의 부모는 제인을 입양했을 수도 있겠네요. 물론 제인이 '백인 엄마'와 '흑인 아빠' 사이에서 태어났지만 피부색이 검어 경수 엄마 눈에는 흑인으로 보였을 수도 있고요. 아, 그러고 보니 오바마 대통령 역시, 정확히 따지면 제인의 경우처럼 백인 엄마와 흑인 아빠 사이에서 태어난 경우죠.

주변에서 다양한 인종의 사람을 경험하지 못하는 우리는 이렇게 피부색에 관한 흑백 논리에 젖어 있기 쉬워요. 세상에는 참 다양한 색깔의 사람이 있는데 말이죠. 영화 제목이 왜 그런지, 끝에 나오는데요. 이런 차별과 편견에도 굴하지 않는 경수가 제인의 볼에 뽀뽀를 하면서 좋아한다고 말하자, 다른 아이가 말하죠. "험난한 인생에 접어들었군."

여기 태어나면서부터 험난한 인생에 접어든 아이도 있어요. 〈샤방샤방 샤랄라〉의 은진이는 필리핀 출신 엄마를 둔 아이에요. 요즘 우리 주변에 베트남, 필리핀, 타이 등

사방사방 사랄라

똑똑하고 인기 많은 은진이는 곱슬머리를 숨기려고 항상 땋은 머리를 한다. 필리핀 출신인 엄마의 머리카락을 닮은 것. 그런데 학교에서 학부모 회의에 부모님을 모셔오라는 안내장을 받자 걱정이 태산이다. 학부모 회의가 열리는 날 아침, 은진이는 아무 말도 하지 않고 학교에 가고 책상에서 안내장을 발견한 엄마도 학교로 향한다. 은진이는 자신에게 필리핀으로 돌아가라고 하는 기철이와 싸우고 학부모 회의에 참석하러 온 기철 엄마는 다짜고짜 은진이를 혼낸다. 결국 아이들의 싸움은 엄마들의 싸움으로 번지고 보고 있던 은진이와 기철이는 화해한다. 집으로 돌아오는 길에 은진이는 꽁꽁 묶었던 머리를 푼다.

감독: 권미정 | 제작 방식: 2D 디지털 애니메이션 | 상영시간: 17분

다른 아시아 나라 출신 부모를 둔 가정이 적지 않죠? 이런 가정을 국제결혼 가정이라고 하는데요. 시골에 사는 은진이도 그런 경우예요. 초등학생 은진이는 매일 학교에 가기 전에 꼭 머리를 땋아요. 늦잠을 자는 바람에 머리를 땋지 않고 학교에 가려는 은진이에게 엄마는 '애들이 놀린다'고 하는데요. 아마도 은진이는 엄마에게 물려받은 곱슬머리를 아이들에게 들키면 엄마가 외국인이라는 것이 알려질까봐, 머리를 꼭 땋고 학교에 가나봅니다.

엄마를 무척 좋아하는 은진이지만 가족을 대하는 동네 사람들의 태도 때문에 마음 아픈 경우가 있어요. 은진이 남동생이 친구들과 소꿉놀이를 하는데, 아이들은 남자아이인 은진이 동생에게 엄마 역할을 시킵니다. 은진이는 남동생에게 "남자인 네가 왜 엄마 역할을 하냐"고 타박하지만, 동생은 "필리핀 사람은 엄마 해야 된다 그랬어"라고 답합니다. 은진이와 동생은 한국에서 태어나 자라고 국적도 한국이지만, 우리의 통념은 자꾸만 이들을 외국인 취급하지요. 은진이 엄마가 한국에 온 지 벌써 십 년이 지났는데, 동네 아줌마와 어른들은 자꾸만 뭔가를 가르쳐주려고 합니다. 은진이 엄마가 필리핀 출신이라 잘 모를 거라는 편견이 있는 거지요. 호의처럼 보이는 행동도 도가 지나치면 무례가 되는 경우가 많아요. 그래도 착한 은진이 엄마는 동네 사람들의 참견을 호의로 받아들이면서 사는데요. 혹시나 이렇게 선의를 가장한 무례가 나에겐 없나, 돌아보게 됩니다.

은진이는 이런 사람들 때문에 엄마의 국적을 감추려 하지만, 같은 반 남자아이를 약수터에서 만나면서 비밀은 깨집니다. 평소에 씩씩한 은진이지만 엄마와 함께 약수터에 갔다가 개구쟁이 친구를 만나자, 엄마가 필리핀 사람이란 것이 알려질까봐 도망가버려요. 그러나 비밀은 탄로나고, 친구는 자꾸만 이상한 소문을 냈겠죠. 이제 아이들은 은진이에게 "너는 잡종이니까 잡종 고양이 편이지." "이상하고 더러운 나라에서 왔다." 등 해서는 안 될 말을 자꾸 해요. 그래도 은진이는 기죽지 않고 당당하게 맞서지

은진이는 엄마가 필리핀 출신이라는 것을 감추려고 애씁니다. 아직 어린아이미저도 이 나라에서 타 인종으로 살아가는 것이 얼마나 힘든 일인지를 잘 알고 있는 거죠.

요. 마침 학부모 상담이 시작되면서 은진이 엄마가 학교에 오는데 은진이가 자신을 놀리는 기철이와 싸우는 모습을 보게 됩니다. 기철이 엄마가 은진이 엄마를 보고 "신세 고치려고 왔으면 조용히 살지." 같은 심한 말을 하자 은진이 엄마는 화가 나서 필리핀 말로 막 퍼부어댑니다.

이 장면은 말할 수 없이 유쾌, 상쾌, 통쾌합니다. 기막힌 반전이니까요. 은진이 엄마가 아무래도 서툰 한국말로 말싸움을 하는 대신에 아예 언어를 바꾸어서 필리핀 말로 쏘아대니까, 오히려 알아듣지 못하는 사람들이 '바보'가 됩니다. 축구를 하는데 갑자기 '홈팀'과 '원정팀'이 바뀐 것처럼, 기막힌 반전 아닌가요. 대부분의 사람들이 한국말을 쓰는 한국에서 살면서는 잘 모를 수 있지만, 엄마에게 배운 언어인 '모국어'를 쓰면서 산다는 것은 엄청난 특권이기도 해요. 억울한 일이 있어도, 말을 잘 못해서 답답한 가슴만 치면서 살 필요가 없으니까요. 은진이 엄마처럼 그런 특권을 가지지 못한 사람도 많으니까요. 다른 영화 〈니마〉에서도 몽골 출신 여성 이주 노동자 니마가 여성에게 폭력을 휘두르는 한국인 남성에 맞서면서 몽골말로 퍼부어대는데요. 역시 유쾌, 상쾌, 통쾌합니다. 이렇게 '말의 권력'은 참 무서워요.

다른 인권의 주제와도 관련된 영화지만 〈니마〉 이야기를 잠깐 해볼까요. 〈니마〉는 모텔에서 청소를 하면서 사는 몽골 출신 여성 노동자 니마가 주인공이에요. 니마는 흔히 '불법 체류'라고 하는 '미등록' 노동자인데요. 경찰에 잡히면 강제 출국을 당하니까 모텔에서 나가지 못하고 사실상 갇혀서 일합니다. 여기에 같이 일하는 동료로 한국인 여성이 와요. 니마가 시간을 함께 보내는 유일한 사람이죠. 그런데 그 한국인 여성은 처음에 니마와 거리를 두어요. 아마도 '불법 체류' 외국인과 친해질 필요가 없다고 생각했겠죠. 그러다 모텔에 투숙한 여성이 폭행당하는 데 함께 맞서 싸우죠. 이런 과정을 거치면서 이들은 서로가 '아이와 떨어져 살아야 하는 엄마'로 처지가 비슷하다는 것을 알게 됩니다. 마침내 우정이 싹트게 되지요. 이렇게 사람을 출신 국가, 즉 '어느 나라 사람이냐'로 보게 되면, 놓치게 되는 공감대가 너무 많아요. '국적의 정체성'을 벗어나 시야를 넓히면 다른 사람의 진심에 다가갈 기회가 훨씬 많아집니다.

피부색, 외모, 장애 등 눈으로 드러나는 차별에 관한 우화로 〈메리 골라스마스〉도 있어요. 이 영화는 크리스마스 즈음에 산타클로스를 뽑는 과정을 그리고 있어요. 대여섯 명의 산타클로스 지원자들의 탈락 이유가 하나씩 나오는데요. 우리가 아는 산타의 이미지와 다른 모습이 드러나기 때문입니다. 누구는 흑인, 누구는 마른 몸매, 누구는 휠체어를 탄 장애인, 누구는 알고 보니 여성이라서 탈락합니다. 배 나온 백인 아저씨라는 '산타의 표준'에 어긋나니까요. 하지만 정작 겉모습은 가장 산타에 가까운 사람이 굴뚝에 오르는 능력은 가장 떨어져요. 오히려 장애인 산타 지원자의 휠체어가 갑자기 로봇처럼 변신하고, 다른 이들이 훌쩍 굴뚝에 오르는 능력을 보이죠. 그러나 중요한 것은 실력이 아니라 이미지. 결국 가장 적합하지 않은 사람이 산타에 뽑히게 됩니

메리 클리스마스

크리스마스를 준비하며 요즘 아이들의 취향에 맞는 선물을 고민하던 산타들은 백화점의 '진짜 산타클로스 선발 이벤트'에 참여한다. 다양한 산타들이 모여든 가운데 시험관은 굴뚝에도 못 올라가고 썰매도 못 끌지만 가장 '산타다운' 외모를 한 가짜 산타를 선발한다. 뽑힌 산타는 백화점 성탄절 행사에 가서 아이들과 하루 종일 사진을 찍고, 떨어진 진짜 산타들은 준비한 선물을 아이들에게 나눠주러 떠난다.

감독: 정민영 | 제작 방식: 2D 클레이 애니메이션 | 상영시간: 10분

다. 피부색 같은 겉모습의 굴레에 갇히면 정작 그 사람의 진짜 능력은 보이지 않게 된답니다. 이렇게 우리의 시선을 왜곡하는 색안경을 벗는다면 비로소 진짜 사람의 모습이 보이기 시작할 거예요.

인권감수성up

1 〈험난한 인생〉의 경수 엄마는 학원장에게 영어 교사를 백인으로 배정해줄 것을 요구합니다. 백인이든 흑인이든 영어권 국가를 모국으로 했다면 영어 실력은 매한가지인데 왜 경수 엄마는 백인 선생님을 원하는 걸까요? 각 인종에 대해 여러분이 갖고 있는 이미지는 어떠한가요? 그리고 그런 이미지를 갖게 된 계기는 무엇인가요?

2 〈샤방샤방 샤랄라〉의 은진이는 충분히 예쁘고 똑똑하지만 곱슬머리에 대한 콤플렉스에 시달리며 '샤방샤방 샤랄라'한 긴 생머리를 꿈꿉니다. 많은 사람들이 곧고 부드러운 머리카락과 흰 피부는 예쁘고, 굵은 곱슬머리와 검은 피부는 예쁘지 않다는 생각을 갖고 있습니다. 외모에 대한 이런 왜곡된 시각은 인종 차별과 이어져 있지요. 여러분의 마음속 '아름다움'의 기준은 무엇인가요? 왜 그런 기준을 갖게 되었나요?

3 〈메리 골라스마스〉의 진짜 산타클로스 선발 이벤트에서 최종 선발된 것은 '산타처럼 생긴' 가짜 산타입니다. 널리 알려진 산타의 이미지는 흰 수염과 불룩한 배를 가진 백인 남자의 모습이고, 가짜 산타만이 그 이미지를 충족시키고 있기 때문이지요. 이 작품에서 감독이 빗대어 표현한 것은 무엇일까요? 본질과 상관없는 이미지로 세뇌된 여러 상징들과 그 배경에 대해 함께 이야기해봅시다.

"너는 한국 사람도 아니면서 왜 여기 살고 있냐?"

여성 인권과 성 역할

여자 노릇에 대한 이중적인 주문

김현진

얼마 전 결혼을 했습니다. 세리머니보다 의미가 우선, 이란 생각으로 혼인 신고부터 하러 구청에 갔어요. 요즘은 혼인 신고 같은 거, 결혼식 하고 나서도 일 년은 미루는 게 통례라던데 의미가 중요하다, 라고 보무당당하게 구청에 갔다가 며칠 후 신고가 무사히 수리되었다는 문자를 받고 기분이 조금 이상해졌습니다. 왜냐하면 그 문자가 남편한테만 왔거든요. 어라 이상하다? 제출인 이름에 내 이름이 써 있는데 왜 그러지? 내가 너무 까칠한가? 왜 남자한테만 보내주는 거야? 남편이 그 문자를 저에게 전달해줬지만, 기분이 좀 미묘했습니다. 일부러 남자한테만 보내주나? 그러고 보면 이 정도는 별것 아닌 일이긴 해요. 그럼요, 이 정도에 일일이 비위가 상했다가는 여자 노릇 못 하죠. 기분 나쁠 게 얼마나 많은데요.

그러고 보니 사회에 나가서 '여자라는 역할'을 처음 느꼈던 때는 열여덟 살 때였던 것 같네요. 여학생, 누구누구의 딸, 이런 역할이 아니라 오롯이 한 여성으로서 어떤 기대를 받았던 때는 바로 그때가 처음이었던 것 같아요. 열여덟 살 나던 해 크리스마스였는데, 그때 사귀던 남자 친구가 친구들끼리 모여서 자기 무리의 여자 친구들을 위한 이벤트를 준비한 자리였어요. 모두 록 음악을 좋아하는 음악 소년들이었는데, 나이도 젊고 가슴도 뜨겁고 음악도 하고 싶고, 이러니저러니 해서 하루 연주회를 열기로 했어요. 남자 친구를 처음 사귀어보는 것은 아니었지만 ××의 여자 친구, 라는 사회적 역할을 수행하는 것은 처음이었지요. 그날, 무척 화가 났는데 ××의 여자 친구라는 사회적 역할은 그냥 예쁘기만 하면 되는 게 아니었어요. 그날 처음 보는 ××의 친구의 여자 친구들과 둘도 없는 단짝처럼 잘 지내는 역할까지 포함되어 있는 거였어요. 더 화가 난 건, 남자 친구와 그의 친구들이 짓고 있는 무구한 표정 때문이었어요. 손을 잡고 데려온 자기네의 애인들이 — 우리는 그날 처음 보건만 — 둘도 없는 단짝이나 자매처럼 예쁘게 수다 떨고 조근조근 친하게 지내기를 바라는 표정! 그걸 어떻게 아냐, 하고 물으신다면 류승완 감독의 〈남자니까 아시잖아요?〉의 영화 제목을 써서 답해야겠군요. 남자들은 그런 눈빛을 잘 잡아내지 못해요. 하지만, 여자니까 아시잖아요?

그 기대감 어린 눈빛에는 악의가 한 점도 없기 때문에 더 화가 나요. 그날 자리가 파하고 나서 남자 친구에게 다시는 이런 자리에 부르지 마, 하고 성질을 있는 대로 냈지만 제가 무엇 때문에 화가 났는지 전달되었을 거라 믿지는 않아요. 그 뒤 십몇 년이 지나면서 이후로도 많은 연애를 했지만 번번이 우리 다음에 각자 애인이랑 같이 만날까? 라고 친구들에게 당당히 제안하는 사람들은 언제나 남자예요. 도대체 왜일까요? 여자들이 우리 다음에 각자 남자 친구 데리고 와서 만날까? 하는 경우는 한 번도 보지 못했어요. 친구들끼리 만나는 자리에 누군가의 애인이 왔을 때도, 남자들끼리 있는 모임에 여자 친구 한 명이 온 것과 여자들끼리 노는 자리에 남자 친구 한 명이 왔을 때는 사뭇 달라요. 남자들끼리 있는 모임에 온 여자 친구는 혹시 음식이 모자랄까, 술잔이 마를까 부지런한 무수리처럼 착하고 분주한데, 여자들 모임에 온 남자 친구는 시무룩하고 뻣뻣하게 앉아 있어도 보살핌과 사랑을 받아요. 지금 제 남편 친구들 중에는 결혼한 사람이 그리 많지 않지만, 많이들 결혼하고 나면 누군가 분명 부부 동반 모임을 제안하겠죠. 아직도 마음속은 열여덟 살 때의 그 소녀와 똑같이 너희의 여자 친구라고 해서 우

남자니까 아시잖아요?

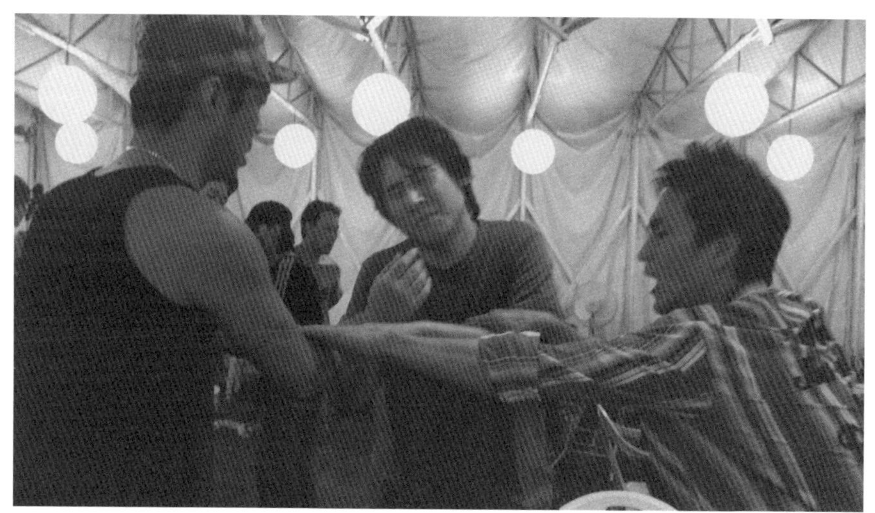

고등학교 동창인 우식, 태호, 창수, 준철은 오랜만에 만나 밤 늦도록 술을 마신다. 대학원을 졸업하고 대기업에 다니며 '대한민국 보통 남자이자 지식인'이라는 허위의식에 사로잡혀 있는 우식. 술집에서 만난 여성, 종업원, 이주 노동자에 대한 차별적 시선을 숨기지 않는 한편, 백수인 태호와 동성애자인 준철에게도 폭언을 서슴지 않는다. 결국 창수까지 떠나버리고 혼자가 된 우식은 술에 취해서 옆 테이블의 여자들에게 '남자니까 아시지 않느냐?'며 하소연을 한다.

감독·각본: 류승완 | 상영시간: 21분

리가 다 친해야 하는 것은 아니야, 하는 마음이지만 부인들끼리 친하게 지내라는 주문은 더욱 강고할 텐데요. 아마 〈남자니까 아시잖아요?〉의 주인공 우식이 저를 본다면 보나마나 별스럽게 군다고 뭐라고 하겠지요. 그때 제 남자 친구와 그의 친구들이 그랬던 것처럼, 우식도 결코 나쁜 사람은 아니에요. 그저 지극히 '정상'이죠. 그런데 이 정상이라는 말은 얼마나 폭력적인가요.

정상적인 사람이 휘두르는 폭력이 더욱 잔혹하지요. 자신에게 아무런 악의가 없다고 믿는 사람이 무심코 개구리를 죽이고 마니까요. 우식은 대졸에 정규직이고 남성입니다. 한국에서는 '가진 자' 쪽에 들어가는 사람이지요. 이런 '정상'의 남자들이 가장 즐겨 쓰는 표현 중 하나가 남들처럼, 남들만큼, 그래도 아직 우리 현실이, 상식이, 뭐 이런 말들입니다. 이런 남들이나 현실, 상식이라는 말에는 사실 앞에 '나'라는 주어가 들어가 있지만 그들은 그것을 특별히 인식할 필요를 느끼지 않습니다. 왜냐하면 그들은 자신들이 지극히 상식적인 사회의 표준이라고 생각하기 때문에 내가 생각하는 현실, 혹은 나의 상식은, 그런 부연 설명을 할 필요가 없다고 생각하는 것이죠. 나의 상식이 곧 사회의 상식이라고 생각하는 거예요. 그도 그럴 것이, 우리 사회에서 '정상'은 곧 '이상적인 상태'입니다.

'정상'이란 특별한 이상이 없이 평균적인 보통의 상태를 말하는 것이 아니라 본래의 의미에서 다소 벗어나 '하자 없는' 상태를 말하게 된 것이죠. 그럼 '정상적이지 않은' 사람은 누구일까요? 우식이 극 중에서 무시하는 사람들이죠. 술 마시는 여자, 외국인 노동자, (사내대장부이면서) 서빙하는 남자, 실업자, 동성애자, 못생긴 여자, 실업계 고등학교 출신 등 끝이 없습니다. 우식이 술에 취해갈수록 '정상'이 아닌 사람들에게 들이대는 잣대는 점점 더 날것이 됩니다. 우리 중 대부분은 우식에게 무시당하는 삶을 살고 있습니다. 그리고 계급의 사다리가 공고해질수록 우식에게 무시당하지 않기란 너무나 어렵습니다. 결국 우식은 영화의 끝에 이르러 포장마차에 남아 있는 사람들이 자신을 편

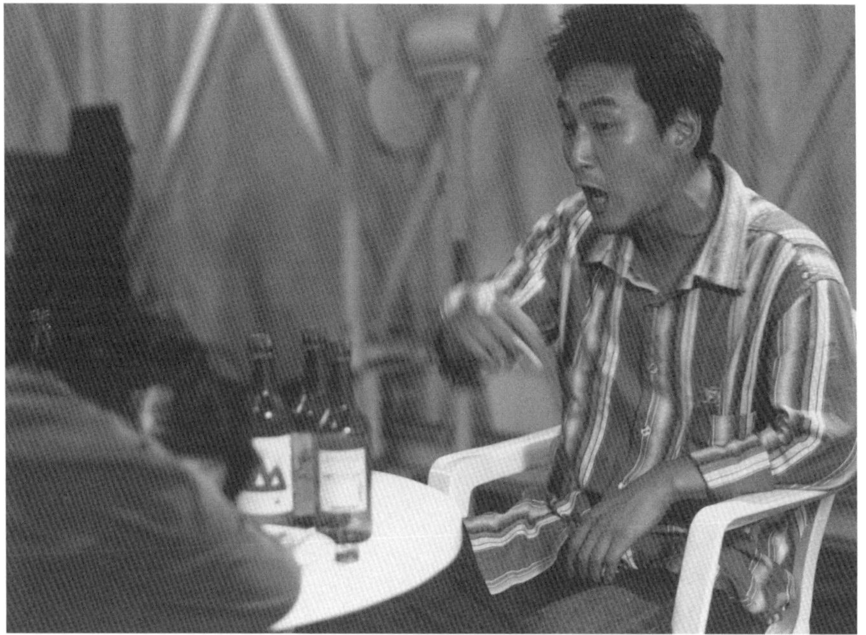

'정상적인' 남자 우식은 세상의 모든 '비정상'들에게 일갈합니다.

들어주길 바라면서 '남자니까 아시잖아요?'라고 동의를 구합니다. 이때 '남자'라는 뜻은 단순히 XY염색체를 뜻하는 것이 아니지요. 정상이니까 아시잖아요, 주류니까 아시잖아요, 그들과 우리는 다르잖아요. 우식에게 악의는 없습니다.

사실 이런 악의 없는 표정들이야말로 가장 징글징글한데, 스물다섯 살 때 입사한 회사의 첫 회식 자리에서 이런 얼굴들을 보았어요. 조금 늦게 회식 자리에 도착했는데, 사장님 바로 앞자리가 비워져 있더군요. 그리고 가위와 집게도 가지런히 놓여 있었죠. 사장님과 가위와 집게를 제 앞에 준비해둔 회사 사람들의 표정이 딱 그렇게 천진했지요. 사장님 잔이 비면 잔을 채워드리고, 그 주변의 고기가 떨어질라치면 끊임없이 구워대는 생활이 그 후로도 몇 년 동안 이어지면서 삼겹살을 싫어하게 되었습니다. 그냥 막내 사원이라서 시키는 게 아닐까 했는데 제 다음으로 입사한 남자 사원에게는 그런 일이 주어지지 않더군요. 이의를 제기할라치면 이 악의 없는 사람들은 이렇게 얘기하지요. 뭘 꼬치꼬치 따지고 그래, 그냥 좋은 게 좋은 거잖아.

이런 악의 없고 끔찍하게 천진한 표정들은 김준 감독의 애니메이션 〈그 여자네 집〉의 남편 얼굴과도 똑같이 닮았습니다. 아내는 가사와 육아로 바쁘지만 남편은 가사를 돕는 것 같지 않습니다. 그는 조금 기분이 내키면 아주 자상한 목소리로 아내에게 내가 아기 좀 봐줄까? 라고 이야기합니다. 하지만 그가 아기를 본다는 행위는 말 그대로 물끄러미 '보는' 것이고, 돌보는 것이 아닙니다. 그가 아이를 보는 것은 아기가 울거나 싸거나 먹을 것을 필요로 하지 않을 때, 손이 가지 않을 때 그저 흐뭇하게 바라보는 것입니다. 아이가 울기 시작하자 남편은 바로 여보오오오! 하고 목 놓아 아내를 부르며 이 상황을 해결하기를 촉구합니다.

회사 다니던 시절, 할 일도 없는데 시시껄렁한 인터넷 뉴스나 클릭하면서 좀처럼 집에 돌아가지 않는 사원들이 있었는데 죄다 결혼한 지 몇 년 안 된 젊은 남편들이었습니다. 〈그 여자네 집〉에 나오는 그런 남편들이었죠. 그들이 집에 가지 않는 사정을 알고 보니 손이 한창 가는 아이를 두었기 때문인 경우가 많더군요. 회사에서 일하는 것만 해도 힘든데 집에 가면 좀 편하게 쉬고 싶다구요. 일찍 들어가면 아이를 봐야 하니 차라리 사무실에서 컴퓨터나 하고 있는 게 속 편하다는 거였어요. 〈그 여자네 집〉에서의 귀가한 남편 역시 편히 쉬려고 소파에 드러눕습니다. 아, 편하다 하고 정말 너무너무 편안한 얼굴로 그가 벗어던지는 옷과 양말은 홍수처럼 커지면서 아내를 집어삼켜버립니다.

가사 노동의 가장 무서운 점은 아무리 해도 도무지 티가 안 나지만, 한두 번 빼먹었을 때는 그만 표시가 확 나버린다는 거죠. 헬렌 니어링의 유명한 저서 《소박한 밥상》에는 이런 짧은 이야기가 나옵니다. 집에 일하러 오는 인부들을 먹이기 위해 하루 종일

집안일이 고스란히 아내의 몫이 되는 영화 속 상황은 전혀 낯설지 않습니다.

음식을 준비했던 어떤 주부가 갑자기 정신 이상을 일으켜 병원에 실려 가요. 발작 끝에 병원으로 옮겨지면서 그 부인은 계속해서 같은 말을 중얼거립니다. "그들은 30분 만에 모두 먹어치워버렸어. 30분 만에!"

가사 노동을 안 해본 사람이 보면 재미있는 우스개인가 하겠지만, 하루 종일 썰고 삶고 끓이고 볶고 지지고 한 노동의 결과가 30분 안에 싹 사라져버린다는 것은 얼마나 허망한 일인가요. 뭐 사그라다 파밀리아 대성당 같은 업적을 남기겠다는 것은 아니지만, 이렇게 아무 표 안 나는 허망한 노동은 조용히 사람을 침잠시키고 그 안에 서서히 빠뜨려 죽이는 것 같습니다. 〈그 여자네 집〉의 주인공이 결국 보글보글, 하고 거품조차 나오지 않는 물에 조용히 빠져버리는 광경처럼요. 엔딩에서 주인공은 남편을 쫓아내

그 여자네 집

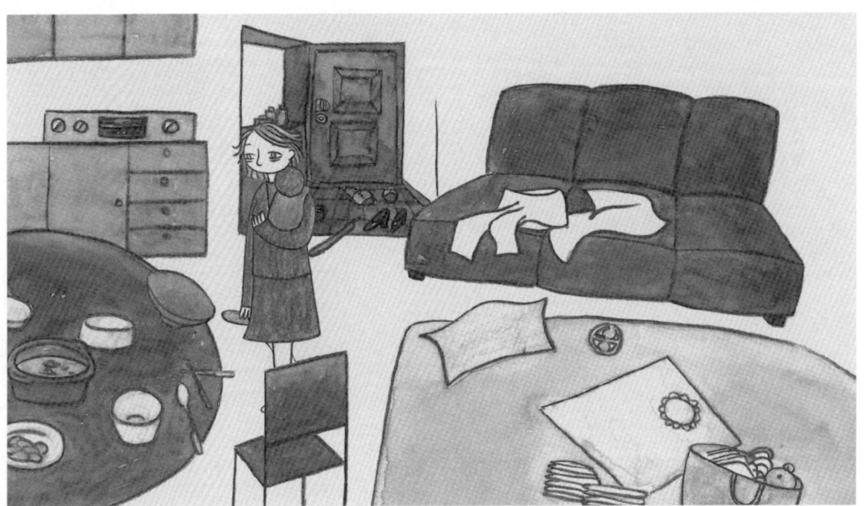

종숙은 남편과 맞벌이를 하면서도 가사, 육아를 도맡고 있다. 어느 날, 맡길 곳이 없는 아이를 데리고 회사에 출근하기까지 한 종숙. 하지만 남편은 집안일을 전혀 하지 않는다. 지친 종숙은 청소기를 돌리는데, 청소기는 집 안의 모든 것을 빨아들이고, 급기야 남편까지도 청소기 안으로 빨려 들어간다. 종숙은 벽지와 페인트를 들고 나와 집 안을 새로 단장한다.

· 감독·각본: 김준, 박윤경, 이진석, 장형윤, 정연주 | 제작 방식: 드로잉 2D애니메이션 | 상영시간: 11분

아기가 생겼어요

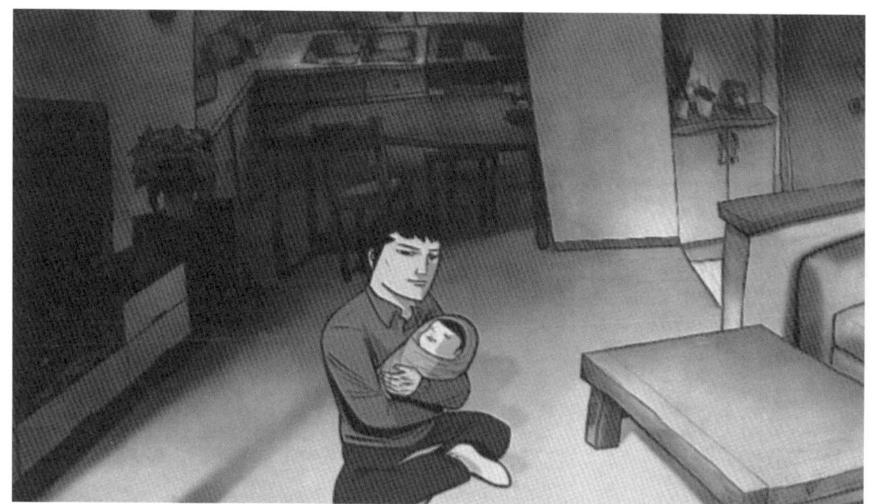

일식집에서 한 남자가 술을 마신다. 남자는 요리사에게 출산 휴가를 받는 여직원 험담을 하고 요리사는 여자를 해고하라고 맞장구친다. 한편, 출산을 앞둔 은수는 시어머니에게 육아를 부탁하려 하지만 시어머니는 허리가 아프다며 이것저것 사달라고 할 뿐이다. 출산 휴가를 내려는 은수에게 회사 과장은 일하면서 아이를 보는 건 무리니 출산 후 회사를 그만두라고 하고 은수는 소송하겠다고 말한다. 어느 날 시어머니는 길에서 갑자기 허리 통증을 느껴 앰뷸런스를 타고 가다가 교통사고를 당할 뻔한 과장과 동승하게 되고 마침 산통을 느낀 은수도 앰뷸런스에 오른다. 아기를 낳으려고 수술실에 들어간 은수를 기다리던 시어머니와 과장 앞에 일식집 요리사인 은수의 남편이 나타나고 요리사는 자신이 해고하라고 했던 여자가 자신의 아내였음을 깨닫는다. 시간이 지나고 출산한 은수는 회사에 출근하고 남편은 집에서 아기를 돌본다.

감독: 이홍수, 이홍민 | 제작 방식: 2D 디지털 애니메이션 | 상영시간: 15분

고 아이와 오롯이 자기 생활을 즐기는 새로운 집을 만들지만, 그 집의 모습은 꿈처럼 허망합니다. 가장 현실적인 음성은 육아에 도움을 구하러 이 집 저 집 문을 두드릴 때마다 들려오는 거절의 목소리들입니다.

여자는 아이를 안 낳아도 죄인, 낳아도 죄인이 되는 것 같습니다. 결혼을 안 하고 아이를 낳지 않는 비혼 여성은 저출산 시대를 부추기는 이기적인 인간, 결혼하고 임신을 한 여성은 직장을 다니지 않을 경우 남자 한 명에게만 오롯이 생계를 지우는 부담스러운 존재, 직장을 다니는 경우라면 자기가 애 낳고 싶어 낳은 주제에 육아 휴직이니 출산 휴가니 내고 칼퇴근해서 남에게 피해 주는 얌체. 게다가 요즘은 아이를 낳고 길러 결혼시켜놨더니 손주까지 봐주어야 하는 세상이 되고 말았습니다. 안 그래도 자식들을 시집 장가 보낸 어머님들 사이에 그런 우스갯소리가 돈다고 해요. 자식들이 손주를 데려오면 먹던 음식을 그대로 꺼내서 아기에게 먹이고, 발 닦던 걸레로 아기 얼굴을 닦아줘야 한다고요. 그래야 자식들이 기겁해서 아이를 맡기지 않는다고 말이에요.

〈아기가 생겼어요〉에서 아기를 가진 직장 여성 은수의 시어머니 친구들도 손주를 키워주려던 은수의 시어머니에게 착한 척하지 말고 자신을 돌보라고 충고합니다. 제 친구 몇은 안 그래도 몰상식한 시어머니 때문에 이를 박박 갈더라구요. 우리 아들 힘드니 맞벌이하고, 손주는 빨리 보고 싶으니 어서 낳고, 아이는 친정 어머니에게 봐달라고 하고, 낳자마자 직장으로 일하러 돌아가렴, 이라는 주문 때문에 말이죠.

남녀평등은 어느 정도 정착되었지만 여자들이 남자들보다 이 세상 살아가기 힘든 지점은 바로 이런 이중적인 주문 때문이 아닐까 합니다. 똑똑하되 여자로서의 매력을 잃을 만큼 똑똑하지는 말 것, 외모를 가꾸되 된장녀가 되지는 말 것. 이 이중 주문을 잘 해석하면 이런 뜻이 됩니다. 당신이 뭘 하든 나를 불편하게 하지 마시오. 〈당신과 나 사이〉에서의 남편도 결국 아내에게 하고 싶은 말이 그거였던 거죠. 당신 나를 불편하게

당신과 나 사이

결혼과 동시에 직장을 그만두고 육아와 가사를 전담하는 호정은 집안일을 돕지 않는 남편 대우와 말다툼을 한다. 대우는 호정의 말을 그저 투정으로 받아들이며 아이가 혼자 자라게 할 수 없으니 둘째를 가지라고 한다. 둘째를 보겠다면 가사와 육아를 분담하자고 다그치는 호정. 다투는 부부의 모습 뒤로 육아 휴직을 하고 집안일을 하는 상상 속 대우의 모습이 이어지지만, 현실 속 호정은 그저 창밖을 바라본다.

감독 · 각본: 이미인 | 상영시간: 15분

하지 말아줄래? 하지만 무언가 원하는 것을 이루기 위해서 다른 사람을 불편하게 하는 것은 가끔 불가피한 일입니다. 남자들은 비교적 다른 사람을 불편하게 하는 일에 당당합니다. 어릴 때부터 그것을 배우니까요. 하지만 여자들은 보통 〈당신과 나 사이〉의 마지막 장면처럼, 결국 지쳐서 창문을 닫아버리게 됩니다. 그게 어디로 이어지는 창문이든 말이죠.

김현진
칼럼니스트. 고뇌만발한 사춘기를 과감히 박차고 나와 글쟁이가 되었다. 삐딱한 세상을 조금 더 삐딱하게 바라보는 '감정주의자'. 쓴 책으로《네 멋대로 해라》,《그래도 언니는 간다》,《뜨겁게 안녕》등이 있다.

인권감수성up

1 〈남자니까 아시잖아요?〉의 우식은 친구들이 모두 떠난 뒤 옆자리 남자들에게 다가가 자신의 심정을 토로합니다. 그러나 사실 우식이 남자로 생각했던 그들은 여자였지요. 남자라는 이유로 비뚤어진 우월감에 사로잡힌 우식이 얼마나 어리석은 인물인지를 비꼬는 장면입니다. 여러분도 남자 혹은 여자라는 이유로 스스로에게, 혹은 이성에게 규정지은 편견이 있나요. 서로의 생각을 솔직하게 이야기해봅시다.

2 〈아기가 생겼어요〉에서는 진통이 온 은수와 은수네 회사 과장, 은수의 시어머니가 같은 앰뷸런스에 타는 장면이 나옵니다. 감독은 이 장면을 통해 무엇을 이야기하고 싶었던 걸까요?

3 〈아기가 생겼어요〉와 〈당신과 나 사이〉는 가정 내의 집안일 분담과 출산을 한 여성의 직업 활동, 재취업 문제에 대해 다루고 있습니다. 직장에서는 여성이 출산과 육아에 많은 시간을 할애한다는 이유로 채용하기를 꺼리는 것이 현실인데요. 이런 문제를 보완하기 위해 어떤 제도를 개선하면 좋을까요? 육아와 출산 문제에 대한 국가 차원의 환기를 위해 개인이 할 수 있는 노력에 대해서도 이야기해봅시다.

"애 낳고 육아 감당하면서 회사 다닐 수 있겠어?"

개인 정보 노출 문제

디지털 시대 '유리 거실'에서 살아가기

구본권

사람과 다른 동물의 가장 큰 차이는 무엇일까요? 반응과 행동의 범위가 정해져 있는 동물과 달리 사람은 스스로의 운명을 개척해나갈 수 있다는 것 아닐까요? 사람은 누구나 크고 작은 잘못을 저지르고 그 실수의 영향을 받지만 그렇다고 이후의 행동과 운명이 그 잘못에 의해 전적으로 결정되지는 않습니다. 큰 잘못을 저지른 뒤 그 굴레에서 헤어 나오지 못한 채 상처를 악화시키는 이가 있는가 하면, 오히려 과거의 잘못을 돌이키고 이를 계기로 새로운 미래를 개척하는 사람들도 적지 않습니다. 스스로 인격을 형성하고 운명을 개척해나갈 수 있는 게 사람이기 때문입니다. 인간을 존엄하다고 하는 중요한 이유입니다.

하지만 현대 사회에서는 한 번의 잘못이 살아갈 많은 날들을 가로막는 장애가 되기도 합니다. 과거의 잘못으로 인해 스스로 고통을 받기도 하고 타인에게 아픔을 주기도 하지요. 강이관 감독의 〈범죄소년〉은 보호자의 보살핌을 받지 못한 선량한 한 소년이 어떻게 상습적으로 범죄를 저지르는 누범의 전과자가 되는지를 생생하게 보여주는 영화입니다. 부모가 누군지도 모른 채 병든 할아버지와 함께 살던 중학생 장지구는 우연한 기회에 친구들과 못된 장난에 빠지게 되어 폭행과 절도 사건에 엮입니다. 청소년기에 친구들과 어울리다가 우발적으로 저지른 잘못이지요. 하지만 지구는 실질적 보호자가 없는 환경 때문에 소년원에 수용됩니다. 범죄를 주도했던 친구들 대부분은 보호자가 있다는 이유로 소년원에 가는 대신 가정에서 보호 관찰을 받지요. 지구는 소년원에서 나온 뒤 주유소에서 일하며 예전 친구들과 연락을 끊고 새 삶을 준비합니다. 그러던 어느 날 우연히 중학교 시절 함께 비행을 저지르던 친구가 나타나 지구를 자극합니다. "너 소년원에도 갔다 왔다며?" 갖은 비아냥과 무시를 꾹 누르며 참던 지구는 이 말 한마디에 폭발하고, 결국 우발적 폭행을 저지릅니다.

미혼모로 지구를 낳은 뒤 사라졌던 지구의 엄마 효승도 비슷한 어려움에 처합니다. 효승에게 소년원을 다녀온 자식이 있다는 사실과 그녀 자신도 전과가 있다는 사실이 알려지면서 효승은 주위의 도움과 이해를 받기 어려워집니다. 효승을 도와주던 미용실 주인은 효승에게 "전과도 있었다며…… 언니는 도대체 나한테 거짓말을 안 한 게 뭐니?"라며 외면합니다.

'발 없는 말이 천리 간다'는 속담도 있지만, 한 사회에서 어울려 살아가는 사람들 사이에 개인의 전과가 완벽한 비밀로 유지되기란 쉬운 일이 아닙니다. 특히 아동·청소년 대상 성범죄와 같이 재범률이 높은 특정 범죄의 경력은 사람들이 필요로 하는 정보이기 때문에 더 빨리 퍼지기도 하지요.

〈범죄소년〉에서 중학생 소년이 마주치게 된 상황은 청소년 비행에 어떻게 접근해야 하는지를 생각하게 합니다. '질풍노도'라는 표현처럼, 청소년기는 마음속에서 거센 폭풍과 성난 파도가 휘몰아치는 불안정한 시기입니다. '엄친아' 소리를 들으며 모범생으로 반듯하게 청소년기를 보낸 사람이 흔들리는 청소년기를 보내면서 세상을 다양하게 경험한 사람보다 더 나은 삶을 산다고 볼 수도 없습니다. 성인이 되기 위해 스스로의 생각과 태도를 만들어가는 청소년기는 원래 바람에 흔들리면서 커나가는 시기니까요.

범죄소년

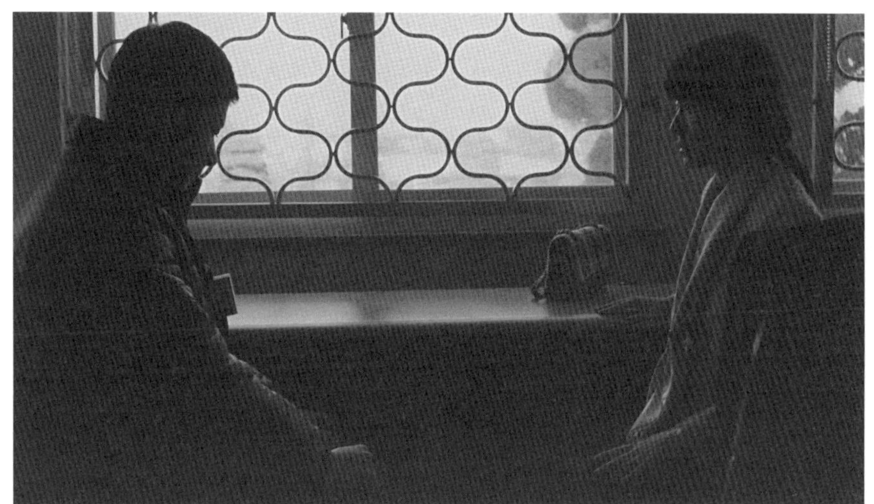

보호 관찰 중인 중학교 2학년 지구는 친구들과 물건을 훔치다 잡혀 소년원 처분을 받고, 그 와중에 유일한 보호자인 할아버지의 장례식을 치른다. 세 살 때 헤어진 엄마 효승과 재회한 지구. 효승은 소년원 중간 퇴원을 한 지구와 함께 지내다 일하던 미용실에서도 쫓겨나고 결국 모텔에서 생활하게 된다. 그러나 두 사람은 다시 헤어지고 지구는 임신한 여자 친구 새롬과 함께 주유소에서 일하기 시작하지만 싸움에 휘말려 다시 소년원으로 돌아간다. 새롬은 효승을 만나 지구의 이야기를 들려주고 효승은 지구와 함께 살 집을 꿈꾼다.

감독: 강이관 | 상영시간: 107분

우리나라만이 아니라 어느 사회나 청소년기는 성장을 위한 시기로 이해하며 폭넓은 관용을 적용합니다. 잘못이 있어도 보호자에게 책임을 지우고, 선을 넘어서는 중대한 범죄의 경우에만 소년원에 보냅니다. 우리 사회에서 재판은 누구나 참석할 수 있는 공개 재판이지만 소년 범죄 재판은 다릅니다. 관련자와 보호자만이 참석한 상태에서 비공개로 이뤄집니다. 청소년 범죄 기록에 대한 접근도 성인의 범죄 기록과는 달리 엄격하게 취급됩니다. 청소년기에 저지른 비행이나 범죄가 평생을 따라다니면서 사회생활을 하는 데 족쇄가 되어서는 안 되기 때문입니다. 청소년기에 빠지게 되는 잘못에는 당사자 못지않게 보호자와 사회의 책임도 큽니다. 무엇보다 청소년기에 저지른 잘못으로 인해 성인으로서 성공적인 삶을 시작하기 힘들어져서는 안 된다는 게 청소년 범죄에 대한 사회적 합의입니다.

이렇게 법을 통해서 청소년들이 한때 잘못을 저질러도 이로 인해 영영 어두운 길로 빠지지 않고 새로운 삶을 사는 데 지장을 받지 않도록 장치를 만들어놓았지만 법이 모든 것을 해결해주지는 않습니다. 법은 지구가 소년원을 다녀왔다는 사실이 앞으로의 삶을 옭아매지 않도록 만들어져 있지만 주위에서 이를 무시하면 아무런 소용이 없습니다. 오랜만에 나타나 과거의 범죄 사실과 소년원 입소 경력을 거론하며 모욕하는 친구에게 지구는 분노를 참지 못했습니다. 스스로 잘못된 과거라고 생각하고 그로부터 벗어나기 위해 어려운 환경에서도 갖은 애를 쓰는 지구에게 상대는 '너는 어쩔 수 없어. 소년원 출신이라고 전과를 달았으니……'라며 비아냥거립니다. 그 말은 지구를 향한 우리 사회의 시선을 그대로 드러냅니다. 법과 제도로 청소년의 비행 사실이 노출되지 않도록 보호 장치를 만들어놓았지만 실제로는 그 보호 장치가 제대로 작동하지 않는 게 현실이죠.

성범죄자 신상 공개를 다룬 정재은 감독의 〈그 남자의 사정〉은 지난 2003년 개봉 당시에도 논란을 부른 영화입니다. 더욱이 성범죄자 신상 공개 제도가 시행된 이후에도

지구가 친구들과 어울리다 한때 저지른 잘못은, 새로운 삶을 시작하려는 곳에 어김없이 찾아옵니다.

어린이와 여성을 상대로 한 잔혹한 성폭력 범죄가 잇따라 발생해 그 실효성에 대한 회의와 함께 더욱 강력한 처벌과 신상 공개를 요구하는 여론이 형성되기도 했습니다. 성범죄자 신상 공개 수위와 그 효과를 놓고 벌어지는 찬반 논란에서 한발 비켜나서 보면, 이 영화는 범죄를 예방하고 대처하는 데 있어서 법과 제도의 한계를 생각하게 합니다.

이 영화의 배경이 된 아파트는 제러미 벤담이란 사회사상가가 효율적인 감시 체제로 제시한 '원형감옥(파놉티콘)'의 형태를 하고 있습니다. 중앙에 있는 정원을 감싼 사각형 형태로 모든 가구들이 마주 보면서 사는 독특한 구조의 아파트입니다. 감시탑은 없지만 사람들은 이웃이 드나드는 일거수일투족을 쉽게 파악할 수 있습니다. 가상의 공간인 이 아파트는 조지 오웰의 《1984》처럼 모두가 감시당하는 상황을 보여줍니다. '당신의 이웃에 누가 살고 있는가' '확인하라, 접속하라' '모든 것이 공개되지 않음에 감사하라' 등 곳곳에 적혀 있는 감시 사회의 구호는 아파트 거주민들로 하여금 모두가 감시하고 감시당하며 살 수밖에 없는 환경임을 알려줍니다.

이곳에 사는 성범죄 전과자의 집 문 앞에는 성범죄자라는 사실이 공개되어 있고 누구나 알아볼 수 있도록 그의 지문이 문패를 대신하고 있습니다. 오줌을 싼 소년은 소금을 얻으려고 한 집 두 집 이웃들을 방문하지만 누구의 도움도 받지 못한 채 결국 엄마가 절대로 접근하지 말라던 성범죄자의 집에까지 이르게 됩니다. 소년의 엄마는 성범죄자를 만나면 "쳐다보지도 말고 빨리 집으로 가라"고 아이에게 가르쳐왔지만, 결국 소년은 성범죄자의 집을 찾아 문을 두드리게 됩니다. 늦도록 돌아오지 않는 아들을 기다리며 엄마는 애가 탑니다.

영화는 철두철미한 상호 감시 체제와 범죄자 신원 공개 시스템을 만들어놓은 사회에서의 삶은 과연 안전할까에 대한 물음을 던집니다. 원형감옥처럼 모든 것을 감시할 수 있는 구조를 만들어놓더라도 우리는 그 공간을 떠날 수 없으며 서로 마주치면서 살아야 하기 때문입니다. 같은 공간에 사는 이웃의 범죄 경력에 대해서 모른 채 살아갈

자신의 개인 정보가 도리어 자신을 옭아매는 사슬이 되는 상황에서 희주는 절망합니다.

수도 있다는 불안감이 범죄자 신상 공개와 같은 제도를 만들어냈지만, 그 이후에도 불안과 두려움은 사라지지 않습니다. 그렇다고 성범죄 전과자의 재범이 사라지는 것도 아니지요. 결국 신상 공개는 본질적 해결책이 되지 않습니다. 주홍글씨로 망신을 주고 전자발찌로 행동반경을 제한하는 성범죄 대책이 시행되는 중에도 잔혹한 성범죄는 끊이지 않고 있습니다. 이는 법과 제도로 범죄자를 공개하고 격리시키려는 시도의 한계를 보여주며 새로운 대안의 필요성을 역설합니다. 성범죄 근절을 위해선 철저한 감시에만 그치는 것이 아니라 다양한 차원의 교화와 관리도 지속해야 한다는 것을 말이지요.

김대승 감독의 〈백문백답〉은 일상생활에서 쌓인 개인의 정보가 권력을 가진 자에 의해 마음대로 활용되어 개인에게 피해를 입히는 장면을 보여줍니다. 직장 상사의 성폭행을 고발하면서 디자이너 희주가 겪는 과정은 나에 관한 개인 정보가 권력자에 의해 악용되어 오히려 나를 곤란에 빠뜨리는 상황을 보여줍니다.

그 남자의 사정

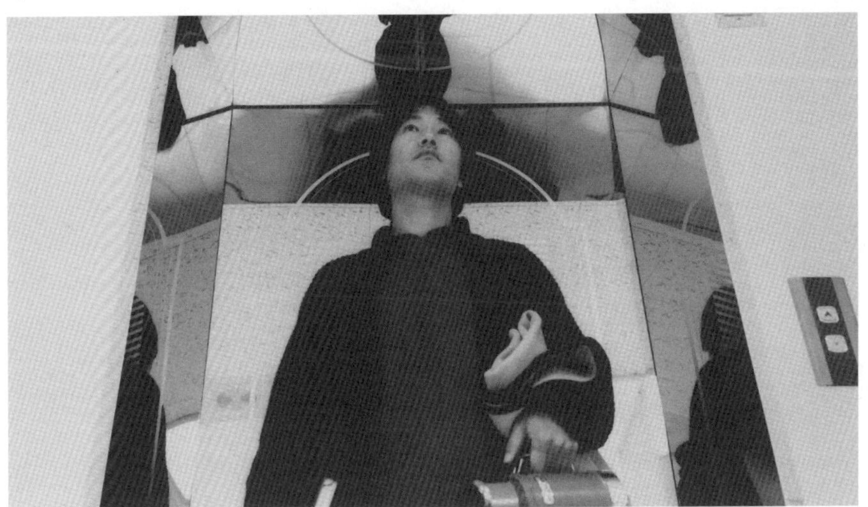

근 미래의 어느 아파트. 옥상에 앉아 있던 남자가 집으로 들어가는데 집 문 앞에는 'A'라는 글씨와 성범죄자 신상 공개 안내가 붙어 있다. 아파트 주민들은 엘리베이터에 탄 남자를 경계한다. 한편, 같은 아파트에 사는 아이는 매일 밤 침대에 오줌을 싸고, 엄마는 아이를 발가벗겨 내쫓아 소금을 얻어오게 한다. 아이는 이 집 저 집으로 소금을 얻으러 다니지만 이웃 사람들은 아이를 혼내거나 놀리기만 할 뿐 소금을 주지 않는다. 아무에게도 소금을 얻지 못한 아이는 결국 성범죄 전과자의 집에 가 초인종을 누른다.

감독: 정재은 | 상영시간: 19분

백문백답

마노 디자인의 디자인팀이 프로젝트를 성공적으로 마친 뒤 축하 파티를 하고 있다. 마지막까지 남은 팀장 성규는 프로젝트의 핵심 멤버였던 희주에게 둘만의 파티를 열자고 제안한다. 며칠 뒤 희주는 성규를 성추행으로 고소한다. 경찰 조사 과정에서 성규는 희주의 경제 상태가 어려움을 증명하는 대출 신용 정보와 두 사람의 다정했던 모습이 담긴 CCTV 자료들을 제출하고 희주를 궁지로 몰아간다. 회사 내에서도 희주가 돈을 목적으로 성규에게 접근했다는 얘기가 퍼지고 결국 희주는 회사를 그만둔다.
감독: 김대승 | 상영시간: 29분

희주의 사무실 안 모습이 낱낱이 기록되어 있는 폐쇄 회로 카메라(CCTV) 영상에 대해 피해자인 희주는 접근할 수 없습니다. 하지만, 가해자이자 권력자인 팀장은 이를 확보해 자신에게 유리한 정보만을 골라내 편집합니다. 팀장은 희주와 한때 친밀한 관계였음을 보여주는 영상을 찾아내고 희주가 담보 대출을 갚아야 하는 경제적 곤경에 처해 있음도 알아냅니다. 입사 절차를 위해 제출한 자신과 가족에 관한 상세한 기록, 대출에 필요한 서류를 신청하면서 냈던 개인적 신상 기록이 권력자에 의해 특정한 목적으로 쓰이는 상황이 일어난 것이지요. 이후 경찰에서 조사를 받던 희주는 국가 권력이라는 거대한 힘이 자신의 과거에 접근해 개인 정보를 빼내고, 그 정보가 권력자에게 유리하게 이용되는 현실을 접하며 다시 한 번 절망합니다. 권력을 지닌 쪽은 대출 연장, 과거 병력, 집시법 위반 경력, 남자 친구와의 성관계 여부 등 희주가 당한 성폭력과는 무관한 사실들을 엮어내 희주를 '꽃뱀'으로 만들어가려고 시도합니다.

신동일 감독의 〈진실을 위하여〉도 누군가의 개인 정보가 권력자에 의해 어떻게 임의적으로 이용되는지를 보여주는 영화입니다. 이 영화에서는 환자가 은밀하게 의료진에게만 털어놓은 상담 내용을 비롯한 개인의 진료 기록을 갖고 있는 병원이 권력자로 등장합니다. 진료 상담 등으로 누군가의 개인적, 신체적 정보를 취득하게 된 권력자가 제3자를 통하거나 익명을 이용해 내용의 일부를 교묘하게 공개하고 유포할 경우 피해자는 거의 손쓸 방법이 없습니다. 두 번의 유산 사실을 남편에게 알리지 말아 달라고 진료 과정에서 의사에게 말한 내용이 누군가에 의해 인터넷 게시판에 게시됩니다. 피해자는 곤경에 처합니다. 어떻게 유출되었는지 짐작을 할 수 있어도 피해자로서는 가해자를 밝혀낼 증거를 확보할 수가 없습니다. 더욱이 익명으로 인터넷 공간에서 퍼지기 시작한 정보를 회수하거나 바로잡는 것은 불가능합니다. 알리고 싶지 않은 나의 개인 정보를 얻은 누군가가 그 정보를 이용해 나를 공격할 수 있는 환경, 바로 우리가 살고 있는 곳입니다.

진실을 위하여

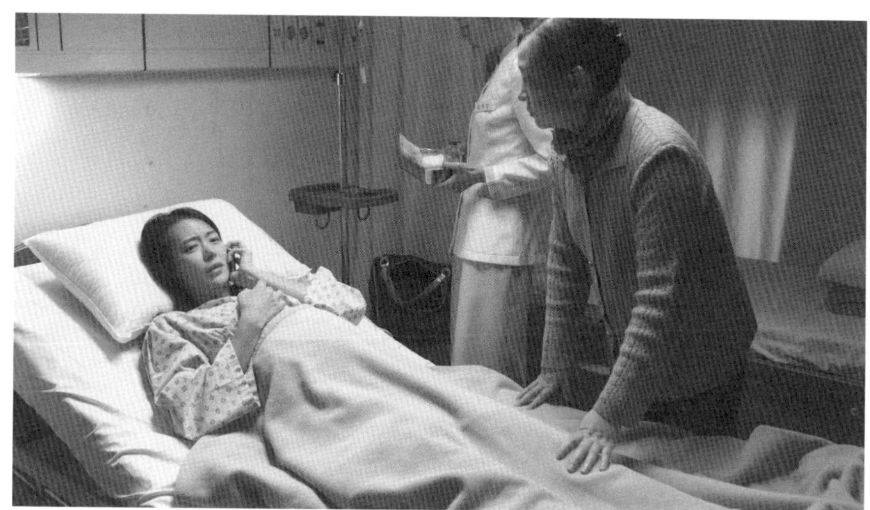

갑작스런 하혈로 입원한 보경. 보경의 남편은 병원에서 돈이 든 가방을 잃어버리지만 CCTV 고장으로 증거를 찾을 수 없고, 병원 측의 안이한 대처로 보경은 아이를 잃고 만다. 경찰 조사 결과 간호사가 돈을 훔친 것으로 드러나고 화가 난 보경은 인터넷의 예비 엄마들 모임 게시판에 그간의 사정을 올린다. 그러나 병원장은 당장 글을 삭제할 것을 요구하고 간호사는 보경이 예전에 낙태 경험이 있었다는 것을 친구들에게 이야기한다. 이 일은 인터넷 게시판에까지 오르고 자신에 대한 비난과 욕설이 난무하는 것을 본 보경은 괴로워한다.

감독 : 신동일 | 상영시간 : 28분

스마트폰, 폐쇄 회로 영상, 금융 거래, 통신 기록 등 정보 사회에서는 모든 것이 기록됩니다. 또한 기록된 것은 좀처럼 지워지지 않으며, 권력을 지닌 자가 접근해 나에게 적대적인 정보로 쓸 수 있습니다. 더욱이 인터넷이라는 공간에서는 한번 뿌려진 정보를 지우거나 거둬들이기 힘듭니다. 나에 관한 정보의 주인이 더 이상 내가 아닌 상황, 제3의 권력자가 그 정보를 손에 넣을 수 있는 이 무서운 현실은 정보 사회에서 인권의 개념을 어떻게 확장시킬 것인가에 대한 물음을 던집니다.

구본권
대학에서 철학을 공부하고 1990년부터 〈한겨레〉에서 기자로 일하고 있다. 정보화 시대의 인권 문제에 관심을 갖고 '프라이버시의 종말'이라는 칼럼을 연재하기도 했다. 디지털 시대에 '잊혀질 권리'에 관한 논문을 쓰고 관련 서적 《잊혀질 권리》를 번역해 소개했다.

인권감수성up

1 〈그 남자의 사정〉은 범죄자의 개인 정보 공개 문제를 다루고 있습니다. 영화에 등장하는 오줌싸개 아이가 뜻하는 것은 무엇일까요? 아이가 겪는 고난과 범죄자의 인권 문제를 엮어 생각해봅시다.

2 〈백문백답〉에서 성폭행 사건을 조사하던 경찰은 고소인 희주의 과거 시위 이력과 우울증 치료 기록까지 들추어냅니다. 경찰 수사에 개인 정보를 이용하는 것에 대해 여러분은 어떻게 생각하나요? 국가의 개인 정보 수집과 통제가 개인의 생활에 미치게 되는 영향에 대해 이야기해봅시다.

3 〈백문백답〉과 〈진실을 위하여〉는 CCTV의 폭력성을 경고하고 있습니다. 하지만 CCTV가 범죄 해결 및 예방에 미치는 효과도 부인할 수는 없지요. CCTV를 인권 수호/ 인권 침해의 두 가지 입장에서 토론해봅시다.

"저 사람 만나면 쳐다보지 말고
빨리 집으로 가라고 했지. 근데 왜 쳐다봐?"

탈북자 인권

나의 이름은 북한이 아니다

신윤동욱

"먹을 것만 있으면 거기에 살 때가 가장 행복했지요." 그냥 들으면 아주 평범한 말이지만, 누가 했느냐에 따라 말의 뜻이 완전히 달라지기도 합니다. 저는 10년도 더 전에 이 말을 탈북 '청소녀'(여성 청소년을 이렇게도 표현해요.)에게 들었던 순간의 충격을 아직 잊지 못합니다. 15년 가까이 기자로 살면서 많은 사람을 만났지만, 탈북 청소년 학교에서 만났던 그 소녀의 대답만큼 제 상식 아니 편견을 뒤집는 말도 없었습니다. 배고픔을 견디지 못해 북한을 탈출한 소녀가 한 말이었으니까요. 그곳이 어디냐고요? 그의 고향인 함경북도 어딘가입니다.

더구나 그 소녀는 당시 다른 이들이 부러워할 만한 대학의 중국어과에 합격하고 입학을 기다리고 있었어요. 남들이 보기엔 '성공적으로 한국에 정착한' 탈북자라고 해도 무방하겠죠. 그때 소녀는 친구들과 자신의 탈북 경험을 담은 다큐멘터리를 만들었거든요. 그렇게 만나 인터뷰를 하던 중에 "어디에 살 때가 가장 행복했어요?"라고 물었지요. 원래는 북한과 문화적 차이가 남한보다 적은 "중국이 가장 좋았다"고 답하지 않을까 해서 물었던 것 같아요. 소녀는 열서너 살에 탈북해 중국에 몇 년을 머물다 한국에 왔거든요. 그런데 "먹을 것만 있다면 지금이라도 고향에 돌아가 살고 싶다"는 뜻밖의 답을 들었습니다. 남쪽 사람들 다수가 가난하고 억압받는 곳이라 생각하는 곳을 제 발로 떠나온 소녀가 그곳을 그리워하고 있었던 거지요.

그렇다고 소녀의 말이 '탈북을 후회한다'는 뜻은 아니었어요. 그냥 지나간 시절을 돌이켜 보면서 어딘가 살 곳을 선택할 기회가 주어진다면, '정착할 땅은 북한일 수도 있겠다.' 정도로 저는 이해했어요. '먹을 것만 있다면' 이라는 전제가 참 마음이 아팠는데요. 기아로 수십만, 수백만 사람이 숨졌다는 1990년대 중후반 '고난의 행군'* 시절의 북한이 아니라면 고향이 가장 행복한 곳이라는 거지요. 겨우 굶주림을 벗어날 수 있었던 중국에서는 불법 체류 신분이 불안한 데다 말도 잘 통하지 않았을 테고, 정착 보조금도 받고 대학 진학도 했지만 남쪽에선 탈북자로서 지울 수 없는 소외감을 느끼는 것 같았어요. 소녀의 답을 듣고 행복의 의미란 참 다양하구나, 절실하게 느꼈습니다. 그래서 영화 〈배낭을 멘 소년〉에서 탈북자 출신 소녀가 "고향에 가야지"라고 말하자, 눈물이 핑 돌았죠. 예전에 만났던 소녀의 말을 다시 듣는 것 같아서 말이에요. 배고픔에 쫓겨 고향을 떠난 탈북자는 한국에 살기를 선택한 사람이 아니라 어디에 살지 선택할 권리를 빼앗긴 사람인지도 모릅니다. 소녀들처럼 그들에게 '남한행'은 불가피한 선택이었을 테니까요.

〈배낭을 멘 소년〉의 탈북자 소녀는 말을 못합니다. 예전에 한국에 가려고 중국에 있는 한국 대사관 담을 넘다가 중국 공안에 잡혀 북송된 경험이 충격으로 남아서인가봅니다. 소녀는 다시 탈북을 시도해 결국 남한에 옵니다. 영화는 탈북을 시도한 소녀가 중국 쿤밍, 타이 방콕을 거쳐 한국에 왔다고 전해요. 이렇게 수천 km의 머나먼 길을 생사를 걸고 넘어온 사람이 아무런 충격이 없기는 어렵겠지요. 영화엔 내내 침묵이 흘

* '고난의 행군'은 원래 김일성이 이끈 항일 빨치산이 일본군을 피해 감행한 행군을 부른 명칭이었으나, 1990년대 중후반 식량난을 '고난의 행군' 정신으로 헤쳐 나가자는 사회적 구호로 사용되었다.

배낭을 멘 소녀

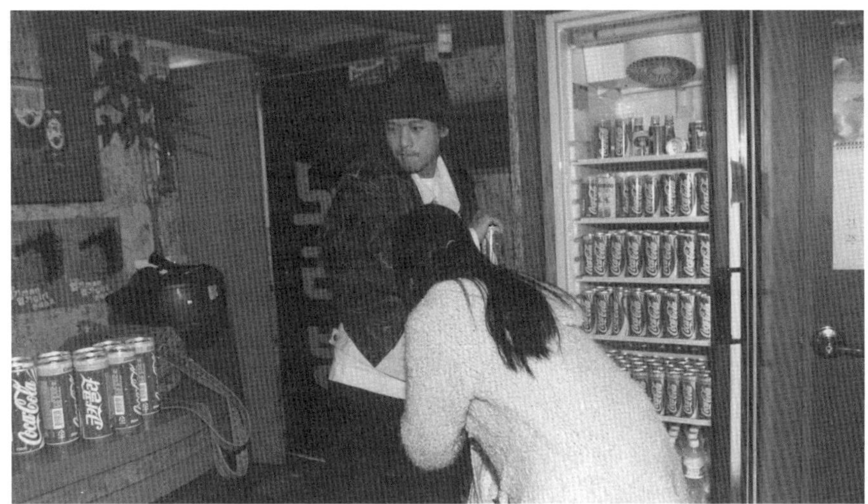

탈북자인 현이와 진선은 같은 아파트에 살고 있다. 탈북자에 대한 편견과 오해로 가득 찬 반 친구들의 질문 공세에 진선은 말을 못하는 척하며 수화로 이야기하고, 아르바이트를 하는 노래방에선 돈을 떼이기도 한다. 현이는 언제든 떠날 수 있게 항상 배낭을 싸서 갖고 다닌다. 둘은 월급을 떼먹은 노래방 사장을 혼내주려고 한밤중에 몰래 노래방에 가서 [illegible] 훔치지만 진선은 북한 사람은 모두 도둑이라는 편견을 갖게 할 순 없다며 다시 돌려주자고 한다. 그리고 말을 하기 시작한다.

감독·각본: 정지우 | 상영시간: 26분

러요. 말하지 않아도 소녀의 심정은 전해집니다. 죽을 각오로 한국에 왔지만, 한국도 천국은 아니죠. 한국에 와서는 같은 학교 친구들의 추궁에 시달립니다. 아이들은 소녀를 둘러싸고 심문하듯 질문을 퍼부어댑니다. "북한에선 죽은 사람을 바로 매장하면 마을 사람들이 인육을 먹는다며?" "너도 인육 먹어봤어?" 어딘가에서 들은 짧은 지식으로 아이들은 소녀를 괴롭힙니다. 이렇게 무례한 질문은 상대방에겐 치명적인 폭력이 되기도 합니다. 아이들에 둘러싸여 공포에 질린 소녀가 수화로 답하지만 아무도 이해하지 못합니다. 영화는 같은 민족이지만 서로 말과 정서가 통하지 않는 남북한의 운명을 그렇게 은유한 것 같아요. 잔인한 질문 끝에 집단 추궁은 이렇게 끝납니다. "재 말 못하네."

이런 상황에서 소녀는 더 이상 학교에 다닐 수 없었겠지요. 이제 소녀는 노래방에서 일합니다. 노래방 주인 아저씨가 월급을 주면서 성희롱을 하지만 소녀는 꿋꿋하게 버팁니다. 이렇게 외롭던 소녀는 이웃에 사는 외로운 소년을 만납니다. 소녀가 노래방 일을 마치고 가던 밤길에 서 있는 오토바이에 한번 올라탔는데, 마침 오토바이 주인인 소년이 이 모습을 보지요. 소년도 홀로 탈북한 외로운 처지예요. 소년과 소녀는 같은 아파트에 살아요. 한국에 온 탈북자들에게 같은 지역의 임대 아파트를 주는 경우가 많으니 그렇게 이웃이 됐겠죠. 영화가 만들어진 2000년대 초·중반까지, 혼자 한국에 온 탈북 청소년이 적잖았어요. 1990년대 중반 북한의 기근이 극심하던 '고난의 행군' 시절, 먹을 것을 찾아 국경을 넘어 중국에 흘러간 북한의 소년소녀들이 많았지요. 중국을 홀로 헤매던 이들을 남쪽의 언론은 '꽃제비'라 했습니다. 아마도 영화 속 소년소녀도 그렇게 북한을 떠났나봅니다. 소년도 소녀처럼 학교에 다니지 않아요. 얼핏 비치는 조끼의 글자로 보아 퀵서비스 일을 하나봅니다. 외로운 소년이 소녀를 오토바이 뒷자리에 태우고 밤길을 질주합니다. 이제 이들은 폭주하는 오토바이 위에서 생사를 같이 하는 운명이 됩니다.

고향에서 떠나온 소년과 소녀는 다시 한 번 '이곳이 아닌 어딘가'로의 탈출을 꿈꿉니다.

"아무 때나 떠날 수 있다." 영화에서 소년이 처음 하는 대사예요. 소중한 물건을 넣어 항상 싸두는 배낭을 보면서 소녀에게 하는 말이지요. 이렇게 소년은 이곳에 살고 있지만 이곳에 속하지 못한 사람입니다. 그래서 영화의 제목이 〈배낭을 멘 소년〉입니다. 소녀도 다르지 않아요. 이곳이 아닌 곳으로 떠나고 싶었던 소년과 소녀는 결심을 행동에 옮겨요. 떠나면서 '겨우' 노래방 콜라를 훔쳐서 배낭에 담고도 죄책감을 느낄 만큼 순진한 사람들이지요. 그런데 '레드 콤플렉스'가 이들의 탈주마저 가로막아요. 가방을 메고 택시에 탔는데, 가방에 적힌 글씨를 보고 기사 아저씨가 소년소녀를 간첩으로 오해합니다. 더구나 기사가 "어디서 오셨어요?"라고 묻자 소년은 아무렇지 않게 "북한에서 왔습다"라고 답합니다. 기사는 화들짝 놀라죠. 북한에 대한 조작된 공포를 상징하는 '레드 콤플렉스'가 있어요. 분단 체제에서 강요된 인식이죠. 기사 아저씨는 이런 생각에 영향을 크게 받아서 북한 사람을 보면 경찰에 신고해야 한다고 생각하는 사람이에요. 기사가 경찰서에 신고를 하고, 소녀는 놀라서 발작을 일으켜요. 예전에 중국

공안에 잡힌 기억이 상처로 남은 거지요. 떠나려던 계획은 무산되고, 소년소녀는 헤어지게 됩니다. 결국 다시 집에서 만난 이들의 대화가 참 마음이 아파요. 실어증에 걸렸던 소녀는 마침내 말문을 엽니다. "부탁할 거 있습네다." 놀라는 소년에게 소녀가 천천히 말합니다. "오토바이 천천히 타십시오. 남조선 애들보다 천천히 타십시오." 소년이 왜냐고 묻습니다. 그리고 잠시 침묵이 흐른 다음에 나온 말, "고향에 가야지……" "내가 남조선 아이들보다 잘하는 게 오토바이 타는 것밖에 없는데." 소년의 마지막 답입니다.

탈북자들이 꼭 북한이 싫어서 떠난 사람들이라거나 남한을 꿈의 나라로 여기는 이들이라 생각하면 오해가 아닐까요. 탈북자는 고향을 잃은 사람들, 어디에도 마음을 두지 못하는 이들, 우리처럼 외로운 사람들입니다. 무언가 소중한 것을 하나씩 잃은 경험이 있는 사람이라면 그들의 마음이 이해될 거예요. 그렇게 탈북자 친구들을 대하면 좋겠습니다. 이곳에 정 붙이지 못하고 오토바이 위에서 떠도는 소년의 손을 진심으로 잡아주는 사람들이 있었다면, 영화의 마지막 자막에 나오는 '조선민주주의인민공화국에서 태어난 소년이 열아홉의 나이에 대한민국 국민으로 사망'하는 비극은 막을 수 있지 않았을까요. 뿌리를 뽑힌 사람들의 고통을 〈배낭을 멘 소년〉처럼 아름다게 압축한 영화도 드물어요.

2005년에 만들어진 〈배낭을 멘 소년〉이 '탈북 청소년 사이의' 관계에 집중했다면, 〈이빨 두 개〉는 학교에서 만난 남한의 청소년과 탈북자 청소녀가 이야기의 중심입니다. 세월이 흘러 이제는 남한 사람과 탈북자와의 '관계'에 대한 이야기를 해야 할 만큼 남한에 들어온 탈북자의 수가 많아졌다는 방증 같습니다. 〈배낭을 멘 소년〉의 소녀가 북에서 온 사실을 숨기고 싶어한다면, 〈이빨 두 개〉의 탈북 청소녀 영옥이는 "너 북한에서 왔어?"라는 질문에 아무렇지 않게 그렇다고 대답합니다. 그만큼 당당하고 씩씩해졌어요. 탈북자 영옥이는 한국인 준영이를 '사고'로 만나요. 영옥이는 '아이들이 야구 배트를 처음 본다고 하니까 한번 해보라고 해서' 학교 복도에서 야구 배트를 들고

이빨 두 개

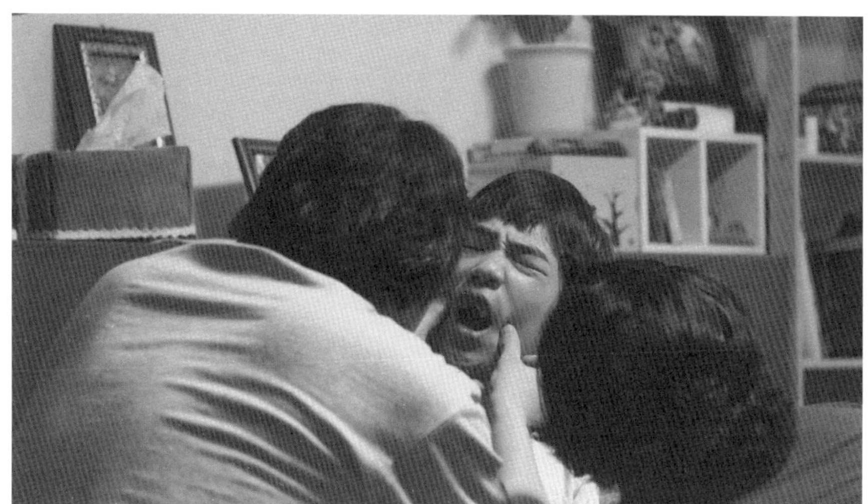

중학교 2학년 준영은 영옥이 휘두른 야구 방망이에 맞아 이빨 두 개가 빠지는 사고를 당한다. 엄마와 함께 학교에 온 준영은 영옥과 영옥 엄마를 만나고 그들이 북한에서 왔다는 말을 듣게 된다. 영옥에게 호기심이 생긴 준영은 야구를 가르쳐주고, 영옥이 살았다는 청진이 어디쯤인지 지도에서 찾아보기도 한다. 그러나 학원으로 찾아온 영옥은 아르바이트를 해서 번 돈이라며 준영 엄마가 요구한 오십만 원을 준영에게 건네고, 준영은 "집에 돈이 그렇게 없나."고 엄마를 원망한다.

감독: 강이관 | 상영시간: 27분

서 있었습니다. 그런데 하필이면 친구에게 쫓겨 달아나던 다른 반 준영이가 와서 배트에 부딪힌 거죠. 그렇게 준영이의 '이빨 두 개'가 빠지게 되고 '이빨 두 개'의 보상 문제로 문화적 충돌이 일어납니다.

무슨 말이냐고요? 준영이 어머니는 남한식대로 영옥이 부모가 빠진 이빨에 대해 보상을 해야 한다고 생각하고, "이럴 땐 여기서 어떻게 하는지 잘 모른다"는 탈북자 영옥이 어머니는 "이빨 좀 부러진 것 가지고……"라고 말합니다. 서로 다른 문화 속에서 오래 살아온 어른들은 이런 문제를 처리하는 방식도 서로 다른 거지요. 북한에서 태어나 남한에서 살고 있는 영옥이는 이런 문화적 충돌 사이에 낀 존재입니다. 결국 영옥이는 스스로 보상을 하기로 하고 아르바이트를 해서 번 돈을 들고 준영이가 공부하는 학원 앞으로 찾아갑니다. 그리고 돈을 건네며 준영이에게 쏘아붙입니다. "돈이 그렇게 좋아? 부끄러운 줄 알아!" 비를 맞으며 영옥이가 하는 말은 물질 중심의 사고에 물든 남쪽 사람 모두를 향해 하는 말처럼 들립니다. 어머니가 돈을 요구했단 사실을 몰랐던 준영이는 집에 가서 엄마에게 화를 내지만, 이미 벌어진 일은 어쩔 수 없습니다.

사실 준영이와 영옥이 사이엔 우정이랄까 호감이랄까 하는 감정이 싹트고 있었거든요. 〈배낭을 멘 소년〉에서 서로 호감을 느끼는 상대가 탈북 청소년들이었다면, 〈이빨 두 개〉에선 남북한이 이렇게 만나고 있습니다. 영화는 홀로 앉아 있다 집으로 들어가는 영옥이의 뒷모습으로 끝납니다. 준영이 엄마가 그렇게 하지만 않았어도, 이야기의 끝이 조금 달랐을까요. 영화의 끝이 쓸쓸하지만, 다른 문화에서 온 이들과 만나는 경험은 다른 생각을 선물하기도 합니다. 상처에 대해 돈으로 보상하는 것이 당연하다, 이렇게 생각하는 것이 혹시 속물 근성은 아닐까, 생각해보게 되니까요.

〈이빨 두 개〉에는 영옥이 남동생도 나와요. 영옥이 동생은 "북한에 있는 친구들이 그립다."고 말합니다. '배낭을 멘 소년'처럼 남한에 정을 붙이지 못하는 탈북 청소년이 꽤 많아요. 꿈을 좇아 왔는데 여기선 꿈을 이루기 어렵고 더구나 차별까지 당하니 정

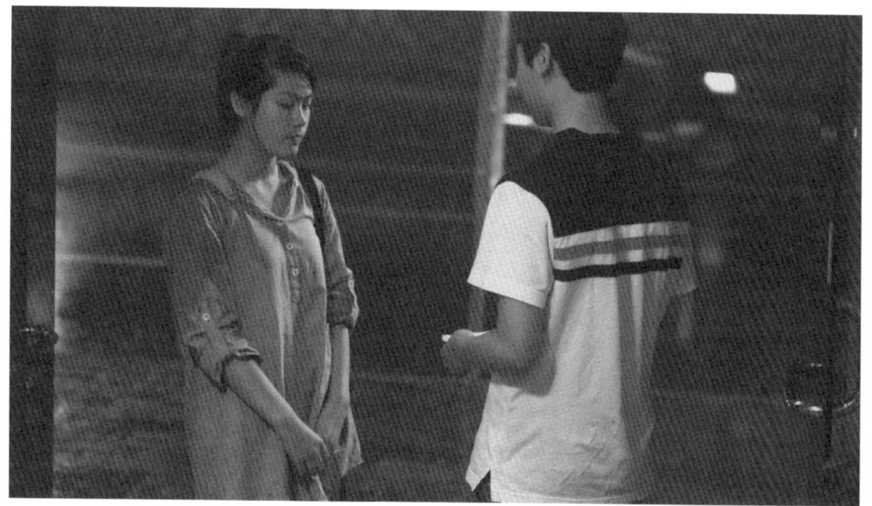

탈북 소녀와 남한 소년의 관계는 '가치관의 충돌'에서 멈추고 맙니다.

붙이기가 힘든 거지요. 게다가 이들은 다른 부담도 지고 있어요. 철없이 구는 남동생에게 어머니는 "북한에 있는 할머니 모시고 나와야 되잖아"라고 말합니다. 요즘엔 북한에 남은 가족들을 데리고 나오기 위해서 애쓰는 탈북자 가족이 많아요. 남한에서 태어난 청소년이 가지지 않아도 되는 부담을, 이들은 지고 있는 거지요. 정치·경제적 이유로 고향에서 쫓겨나 다른 땅을 떠도는 것을 이산(디아스포라)이라고 하는데요. 탈북자들의 디아스포라는 이렇게 한국에 와서도 끝나지 않는 경우가 많아요. 우리와 조금 다른 혼란을 겪는 탈북 청소년이 주변에 있다면 먼저 다가가 손을 내밀어보세요. 아까도 말했지만, 이런 만남이 '한국이라는 우물에 갇힌' 생각의 폭을 넓혀주기도 하거든요.

현실은 어떤가요. 영옥이가 탈북자라는 것을 안 아이들은 영옥이가 지나가자 "야, 북한!"이라고 불러요. 신기할 정도로 비슷한 장면이 필리핀 출신 새엄마를 둔 청소년의 이야기 〈달리는 차은〉에도 나오는데요. 차은이 엄마가 필리핀 출신이란 것을 알게 된 아이들은 축구를 하다가 차은이가 지나가자 "야, 필리핀!" 하고 부르지요. 여기서 이렇게 부르는 건 명백한 차별의 의미가 담겼습니다. '너는 한국 사람이 아니야.' 라는 뜻을 풍기니까요. 그러나 한 사람을 이렇게 하나의 정체성으로 단순화해버리는 것은 그 사람이 가진 여러 면모를 덮어버려요. '북한' 에서 온 '북한 사람' 이 아니라 그냥 나와 같은 시대를 살고 있는 한 사람일 뿐이에요. 그러니 그저 이름을 불러주세요. 남들과 다른 저마다의 이름을.

인권감수성up

1 〈배낭을 멘 소년〉에서 탈북자인 진선은 말을 하지 못하는 척하면서 스스로 입을 닫아버립니다. 여러분도 진선이의 반 친구들처럼 탈북자에 대해 편견으로 가득 찬 호기심만을 갖고 있진 않나요? 우리 사회는 탈북자들과의 소통을 위해 어떤 노력을 기울이고 있는지 함께 생각해봅시다.

2 〈이빨 두 개〉는 탈북자에 대한 온정 어린 시선을 가진 사람이 탈북자와 직접적인 이해관계를 갖게 되었을 때 얼마나 쉽게 자신의 신념을 배반할 수 있는지를 이야기하고 있습니다. 여러분은 탈북자에 대해 어떤 생각을 갖고 있나요? 남북 문제에 대한 입장과 탈북자 개인에 대한 입장이 다른가요? 함께 이야기해봅시다.

"……나는 탈북자란 말 싫다니까!!"

외모 차별

그녀의 진짜 무게

김현진

당신은 '육다골대녀'가 무슨 뜻인지 아시나요? 육다골대녀, 육다골대녀. 이애림의 애니메이션 〈육다골대녀〉를 보면 알 수 있어요. 살이 많고 뼈대는 큰 여자, 그게 육다골대녀라네요. 통뼈, 발목과 종아리의 구분이 안 되는 아톰 다리, 철사처럼 뻣뻣한 곱슬머리, 큰 머리, 작은 키, 짧은 목…… 그거 말고도 우리의 육다골대녀는 조상들에게 좋지 않은 유전자만 잔뜩 물려받았습니다. 육다골대녀들은 어떻게 해서든 그 유전자를 극복하려고 애씁니다. 육다골대녀의 언니도 마찬가지예요. 어떻게 극복했냐고요? 죽도록 다이어트를 하는 거죠. 외모를 바꿔서 결혼, 즉 짝짓기에 성공한 언니는 육다골대녀에게 이렇게 말합니다. "굶어, 별수 있어?" 이것은 수많은 육다골대녀들이 세상에서 듣는 충고를 가장한 잔소리기도 합니다. 사람들은 육다골대녀들에게 충고한답시고 이렇게 말하지만, 사실 세상은 그녀들이 자기 외모에 대해서 별 불만을 갖지 않고 만족하고 살 때 그 꼴을 가장 못 봐주지요. 육다골대녀들은 자기에게 불만족해야만 해요. 왜냐고요?

육다골대녀들은 내수 경제를 움직이잖아요. 루키즘, 즉 외모 지상주의에 의해 지배받는 시장은 육다골대녀들이 아니면 돌아가지 않아요. 화장품이니 운동용품이니 다

이어트 식품이니 성형 수술이니 하는 것들은 그 시장이 줄어들기는커녕 매년 점점 더 커지고 있죠. 아무리 경기가 안 좋아진다고 해도 이 부문의 소비가 줄어든다는 말은 들어본 적이 없어요. 이것은 곧, 그 육다골대녀들이 자기 외모에 불만을 가지면 가질수록 누군가는 엄청나게 돈을 벌고 있다는 이야기지요. 육다골대녀들의 슬픔과 열등감이 누군가에게는 양분이 되고 있다는 거예요.

그렇다면 육다골대녀가 누군가의 호의호식을 뒷받침해주는 존재라는 이야긴데 이거 참 이상도 하죠. 육다골대녀들 덕분에 잘 먹고 잘 사는 사람들이 그녀들에게 고마워하기는커녕 무시하기만 해요. 게으르고, 미련하고, 자기 관리 안 하고……. 흔히들 하는 말이 있죠? 예쁜 게 착한 거라고. 그럼 안 예쁜 건 안 착한 건가요? 나쁜 건가요? 흔히 좋지 않은 외모는 '악'과 동일시되곤 하죠. 뚱뚱하고 뼈대가 큰 것만 해도 서러운데, 그건 그냥 타고난 체격의 모양일 뿐인데 인격과 연관된 문제가 되어버려요. 수많은 육다골대녀들에게 사람들이 아무 말이나 막 던지지만, 그렇게 뱉은 말에 죄책감을 갖는 사람은 아무도 없습니다. 왜냐하면 육다골대녀들은 그래도 싸니까요. 그들은 육다골대녀들을 위해서 그러는 거니까요. 그들은 진심으로 그렇게 생각해요. 너를 생각해서 하는 말이야. 너 살 빼라고 하는 말이야. 살 빼려면 자극받고 그래야 되잖아. 〈그녀의 무게〉에 나오는 선생님들도 딱 그렇지요.

〈그녀의 무게〉의 주인공도 육다골대녀 아니, 육다골대소녀라고 할까요. 주인공인 조선경, 실업계 고등학교 3학년생인 이 소녀는 취업을 앞두고 있어요. 사회가 아무리 바뀌어도 고졸 사무직 여사원은 여전히 사무실의 꽃으로 취급받나봅니다. 반 친구들을 모아놓고 몸무게 검사를 하는 선생님이나 취업에 응시한 학생들을 심사하는 면접관들이나 하나같이 미인 대회 심사위원처럼 굴고 있으니 말이에요.

통통한 소녀들도 선생님들의 근심 걱정을 사지만, 남자 같은 여학생도 어김없이 혼이 나지요. 소년처럼 허스키한 목소리를 지닌 학생에게 선생님이 "넌 말하는 게 그게

육다골대녀

큰 머리, 큰 뼈, 많은 살을 가진 박내의 외모는 고조에서 증조로 그리고 조부모에서 부모로 물려받은 자연스러운 것이지만 현재를 살아가는 박내는 그리 행복하지 않다.
외모로 평가되는 사회는 박내에게 세상을 살아가는 데 필요한 또 다른 무기를 강요하고, 박내는 울화통이 터지고 만다.
감독·각본: 이애림 | 제작 방식: 디지털컷아웃 애니메이션 | 상영시간: 10분

뭐야?"라고 하자 학생은 "원래 이런 걸 어쩌라고요." 하고 받아칩니다. 몸무게 검사를 할 때도 남자처럼 성큼성큼 걸어 나오다 선생님에게 다소곳하게 걸어 나오라고 지적을 당해요. 불만 가득한 얼굴로 조금 얌전하게 걸어와서 저울에 올라선 이 친구에게 선생님이 하는 말이 더 가관이죠. "그래도 얘는 몸무게는 별로 안 나가네!"

하지만 선경은 체중 검사를 하는 선생님에게 '원래 이런 걸 어쩌라고요!'라고 말할 수 없습니다. 몸무게는 어쩔 수 있고, 어째야 하는 겁니다. 남자같이 구는 거야 고칠 수 있지만, 몸무게가 많이 나가는 선경이가 더 문제인 거죠.

선경이의 짝꿍은 살 빼는 약을 먹고 몸무게를 10kg도 넘게 줄였어요. 아무래도 선경이가 집에서 무심히 본 텔레비전에 나오던 중국산 약이 그 약인 것 같아요. 텔레비전에선 중국산 살 빼는 약을 먹고 건강이 크게 안 좋아진 사건에 대해 얘기하지만, 아무도 선경이 짝꿍의 건강에는 신경 쓰지 않아요. 선경이 짝은 늘 기운이 없어서 엎드려 자고 있어요. 너무 말랐고, 누가 봐도 아파 보여요. 그렇게 짧은 시간 살을 뺐으니 아무리 43kg이라 해도 결코 건강한 몸무게는 아니죠. 하지만 선생님은 선경이 짝꿍에게 살 뺀 비결을 알려달라고 하고, 선경이도 짝꿍에게 그 약 얼마나 하냐고 물을 뿐입니다. 다이어트 앞에서 건강 같은 건 사치가 되어버린 거예요. 미국에서 조금 특이한 설문 조사를 한 적이 있습니다. 몸무게가 50kg 느는 것과 트럭에 치이는 것 중 하나를 택하라는 설문이었죠. 그런데 이 설문에 대부분의 응답자가 트럭에 치이는 쪽을 선택했다고 해요. 건강을 포기하는 한이 있어도 뚱뚱한 몸을 갖고 싶지는 않다니, 이건 뭔가 잘못된 것 아닌가요? 비만이 문제가 되는 건 일차적으로 건강에 위협을 주기 때문인데, 이제는 건강과 상관없이 비만 그 자체가 죄가 되어버린 거예요.

영화 속 선생님은 "너희들 위해서 하는 이야기야"라고 말하지만 정말로 아이들을 위한다면 빨리 살을 빼라고 혼내고 야단치는 것보다는 몸무게가 몇 kg이건 상관없이 안심하고 일할 수 있는 직장이 되도록 함께 싸워야 하는 것이잖아요? 하지만 선생님은

그녀의 무게

실업계 고등학교 3학년. 취업을 위해 몸매 관리를 하라는 교사의 압박에 아이들은 다이어트와 성형 수술을 한다. 선경도 단식원에 가서 살을 빼거나 쌍꺼풀 수술을 하고 싶지만 엄마는 무관심하기만 하다. 결국 선경은 수술비를 마련하기 위해 원조교제에 나선다. 시간이 흘러 어느 회사의 면접장. 앞에 선 학생들의 외모를 지적하던 면접관들은 선경에게 선글라스를 벗으라고 한다. 선글라스를 벗자 쌍꺼풀 수술 실패로 흉터만 남은 모습이 나타나고 면접장은 웃음바다가 된다. 장면이 바뀌어 룸살롱. 술집 마담은 CCTV에 비치는 면접관들의 얼굴을 보며 외모에 대한 험담을 한다. 품평을 당하는지도 모르는 채 건배를 하고 술을 마시는 면접관들의 모습을 끝으로 영화가 끝난다.
영화 촬영장이 보이고, 행인이 스태프에게 다가와 감독이 누구냐고 묻고는 저런 뚱뚱한 아줌마가 무슨 감독이냐고 말한다.

감독·각본: 임순례 | 상영시간: 23분

아이들을 그만큼 위하지는 않는 거죠. 그럴 만한 열의도, 그럴 만한 사랑도 없는 거죠.

이 영화가 만들어진 것도 벌써 몇 년 전인데, 소녀들의 인권 — 물론 그런 게 있다면 말이지만 — 은 더운 여름 아스팔트에 쏟아진 물방울처럼 모조리 증발하고 만 것 같아요. 그도 그럴 것이, 이 영화가 만들어지고 나서 얼마 안 지나 다양한 걸 그룹이 쏟아져 나오기 시작했죠. 〈그녀의 무게〉가 상영될 때까지만 해도, 소녀들의 먹성(?)은 사회적으로 어느 정도 용인되었어요. 소녀들의 터질 듯한 볼살은 그 나이대의 당연한 귀여움으로, 여드름은 청춘의 상징으로 아무렇지 않게 여겼지요.

그러나 지금은 어떤가요? 가냘픈 몸매를 내세운 수많은 걸 그룹이 쏟아져 나오고 있어요. 소녀들이 좀 통통해도 용인되던 시기는 완전히 지나가버렸어요. 선경이처럼 통통한 소녀들은 절대 받아들여질 수 없는 때가 온 거죠. 시절이 더 독해졌어요. 요즘 한국인도 발육이 좋아져서 키가 크다고 하는데, 일터 앞에 있는 중·고등학교를 지나갈 때 보는 남학생들을 보면 참 그런 것도 같아요. 다들 콩나물처럼 몸은 가늘고 길며 머리는 작더라고요. 하지만 여학생들을 보면 그 말이 맞나 싶어요. 몇 년 전까지만 해도 2교시가 끝나면 도시락을 까먹고 빵 두세 개와 우유 정도는 가볍게 먹어치우는 소녀들이 있었는데, 그런 소녀들은 바다코끼리처럼 어디론가 사라져버린 모양이에요. 교문을 드나드는 소녀들은 모두 가냘팠지만, 체격 자체가 참 작았어요. 안 먹으면 작을 수밖에 없겠죠. 작년에 어떤 방송에 출연하느라 알게 된 여고생이 그러더군요. 먹고 손을 집어넣어 억지로 토하는 여학생이 반에 한두 명이 아니라고요. 힘들게 공부하는 딸이 저녁을 걸러서 걱정을 하는 엄마들도 많았어요. 이런 현상들을 요즘 애들 참 이상하다, 하고 요즘 애들을 매도해버리는 걸로 결론내리면 간단하겠지요. 하지만 그게 요즘 애들의 문제일까요?

마트 같은 데서 교복이 걸려 있는 걸 보면 하나같이 사이즈가 아동복처럼 작아요. 여기 어떻게 들어갔지, 하고 감탄하다가 소녀들이 참 입맛도 안 나는 게 당연하다는 생각

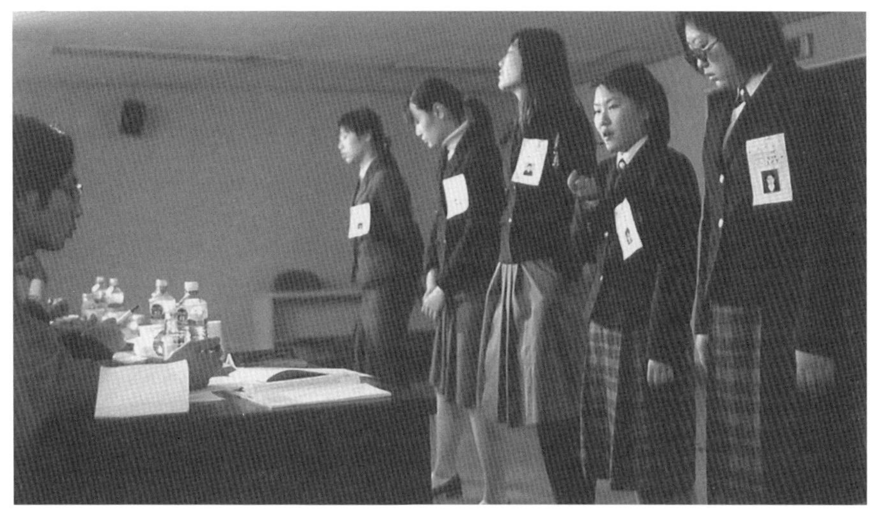

실력이 아닌 외모로 평가하는 사회 앞에, 이제 막 첫걸음을 뗀 소녀들은 좌절합니다.

이 들어요. 또래의 소녀들이 늘 텔레비전에 나오고, 그녀들이 하나같이 이쑤시개처럼 가느다란데 밥맛이 나는 용감한 소녀가 어디 있겠어요? 언젠가 소녀시대가 하루 900kcal씩 섭취한다고 뉴스에 나자, 소속사가 기사를 정정했어요. 900kcal가 아니고 1300kcal라고. 1300kcal라 해도 기아 수준의 식사량인 건 마찬가지지만, 사실 의심스러운 마음이 들더라고요. 아홉 명이 합쳐서 하루 1300kcal를 먹는 게 아닐까? 소녀시대가 아닌 소녀들에게도 살기 독한 시대예요. 〈그녀의 무게〉 때만 하더라도 죽음을 각오한 다이어트는 불합리한 취업을 해야 하는 실업계 졸업생들의 몫이었지만 지금은 모두의 몫이에요. 대학 가면 살 빠진다는 선의의 거짓말을 아무도 해 주지않는 거죠. 한창 먹을 때다, 대학 가면 살 빠진다는 구태의연한 말 속에 소녀들은 여자로서의 삶을 조금 유예받을 수 있었는데 이제 그런 틈도 없어진 거예요. 열몇 살짜리 소녀들에게도 섹시하다, 라는 것이 최대의 칭찬이 된 지금, 어떤 소녀가 자유로울까요.

이 영화가 상영될 즈음, 글로벌 브랜드 '도브'의 광고 캠페인이 많은 인기를 끌었어요. 보디로션 광고였나 그랬는데, 테마가 '건강한 아름다움'이었죠. 보통 체격을 가진 여성들이 자신의 아름다움을 있는 그대로 인정한다는 것인데, 전 세계적으로 인기를 끌고 나서 한국판도 만들어졌죠. 물론 한국에서도 이 건전한 캠페인은 인기를 끌었어요. 그다음 뭔가가 달라졌을까요? 전혀요! 브라질의 열일곱 살 난 모델들은 체지방 0%가 될 때까지 스스로를 학대하다 굶어 죽었어요. 비유가 아니라 문자 그대로 아사했어요. 건강한 아름다움이고 뭐고, 잠깐이나마 사람들이 그 캠페인에 열광한 이유는, 사실은 체지방 0%에 열광하는 자신의 속마음을 감추기 위해서, 그러한 마음에 면죄부를 받기 위해서 모두 열렬히 환영하는 척이라도 한 게 아닌가, 그런 의심이 들 정도였어요.

이제 그런 캠페인은 나오지 않아요. 젓가락 같은 팔다리를 가진 무표정한 모델들은 여전히 브라운관을 가득 채우고요. 선경의 짝꿍처럼, 영화 끝에서 실밥 자국이 선연히 남은 퉁퉁 부은 눈꺼풀을 한 선경처럼 아름다움을 얻기 위해 노력하다 결국 아름다움을 손에 넣으면, 그다음에는 '얼굴값'이 기다리고 있지요.

〈얼굴값〉의 장례식장 주차 관리소 안에 한 여성이 앉아 있어요. 이 여성은 언뜻 봐도 주차 관리소라는 지루한 장소에 어울리지 않는 여성이죠. 게다가 아름답지만 그 아름다움은 안전하지 않아요. '안전한 아름다움'이 무엇이냐고요? 결백함이죠. 성적인 매력을 전혀 풍기지 않는 그런 말간 아름다움 말이에요. 여성의 성적 매력은 가부장제 사회를 불안하게 만들어요. 여성이 자신을 꾸밀 때 가부장제 사회는 그것을 자기애로 인식하지 않고 무조건 남성에게 잘 보이기 위한 의도로 해석하는 경우가 많습니다. 더구나 파랗게 부분 염색한 머리, 초록색 눈 화장처럼 영화 속 여성이 지니고 있는 화려하고 야한 아름다움, 성적으로 어필하는 매력은 가부장제에서 이렇게 해석됩니다. '이 여자는 남자에게 잘 보이기 위해 꾸미고 있다!' 멋대로 메시지를 접수한 그들은 〈얼굴값〉에 등장하는 남자처럼 치근거리면서도 절대로 자신들이 치근거린다고 생각지 않습니다. 그저 보내온 메시지에 답했을 뿐이니까요. 싸 보이는 예쁨, 만만한 아름다움,

얼굴값

한 장례식장. 남자는 주차 요금을 정산해주는 여직원에게 얼굴도 예쁜데 왜 이런 곳에서 일하냐, 혹시 밤에 다른 곳에서도 일하는 것 아니냐, 나하고 따로 만날까 하는 식으로 성희롱을 한다. 여자가 대꾸하지 않자 남자는 얼굴값 한다면서 주차장을 나간다. 장례식장을 빠져나가던 남자는 방금 전까지 얘기를 나눴던 여자의 영정을 본다.

감독·각본: 박광수 | 상영시간: 13분

성적 매력은 가부장제에서 그 자체로 메시지가 되어버립니다.

메시지를 발신한 적이 없는데 계속해서 발신했다고 오해받는 것은 고통스럽습니다. 그래서 성적 매력을 지닌 여성들은 언제나 징벌을 받습니다. 돈 없고 백도 없지만 성적으로 어필하는 아름다움을 지녔던 몇몇 젊은 여성들이 겪은 비극을 떠올려보면 이 영화의 결말은 씁쓸해집니다. 주차 관리소 직원의 예쁜 얼굴은 영화 끝에서 영정에 담겨 있어요. 우리는 결국 영정 안에서 마지막으로 만난 여성들을 기억합니다. 그들에게 아름다움이란 죽음으로 그 값을 치르게 되는 저주였는지도 모릅니다.

씁쓸한 마음에 약간의 희망을 가져다주는 장면은, 〈그녀의 무게〉의 엔딩 타이틀이 다 올라간 다음 나오는 깜짝 영상입니다. 메이킹 필름처럼 찍은 이 장면에서 행인이 무슨 영화를 찍냐고 물으며 바쁜 스태프들을 성가시게 합니다. 누가 나오는 거야? 누가 감독이야, 하는 질문에 저기 계세요, 하고 스태프가 임순례 감독을 가리키자 행인은 믿지 않습니다. "저 뚱뚱한 아줌마가 감독이야? 거짓말!" 그 소리에도 꿈쩍 않고 임순례 감독은 그냥 스태프들에게 지시만 내리고 있을 뿐입니다.

건강한 아름다움이니 뭐니 하는 캠페인 백 개보다 이런 것이 진짜지요. 세상이 정말로 두려워하는 것은 이런 여자거든요. 슬픔과 한을 불꽃놀이로 날려 버리는 육다골대녀, 누가 자기에 대해 뭐라고 하건 일터에서 묵묵히 자기 자리를 지키고 있는 임 감독 같은 여자야말로 가부장제가 된장녀만큼이나 싫어하고, 된장녀보다 두려워하는 여자입니다. 예쁘지 않은데 그걸 괴로워하지도 않는 여자. 세상의 기준에 이리저리 흔들리는 여자가 아니라, 더 가치 있는 일을 위해 고민하는 여자. 진짜 중요한 것은 몸무게가 아니라, 바로 이런 무게 아닐까요.

인권감수성up

1 〈그녀의 무게〉에서는 외모 스트레스에 시달리는 여학생의 이야기를 보여주다가 면접관들의 외모를 품평하는 술집 마담, 감독의 외모에 편견을 드러내는 행인을 등장시킵니다. 이런 구조를 통해 감독이 이야기하고자 하는 바는 무엇일까요?

2 외모는 나 자신의 개성이기도 하지만 조상에게서 물려받은 한 집안의 유전적 특질을 드러내기도 합니다. 자손들의 얼굴에 나타나는 조상의 생김새는 그 자체로 가문의 유산이 되는 것이지요. 하지만 획일화된 미인의 조건을 요구하는 현 사회에서 그 가치를 지키기는 쉽지 않습니다. 〈육다골대녀〉에 등장하는 막내의 경우를 통해 우리 사회에서 '생긴 대로' 살아가는 사람들이 겪는 심리적 압박에 대해 이야기해봅시다.

3 〈얼굴값〉의 주차 요금 정산원은 얼굴이 예쁘다는 이유로 모욕적인 말을 듣고 성희롱을 당합니다. 대부분의 사람들이 외모가 뛰어나면 남보다 살아가기가 수월하다고 생각하지요. 하지만 뛰어난 외모 때문에 역차별을 당하는 경우도 있습니다. 그런 사례를 찾아보고 함께 이야기해봅시다.

"에이, 저 뚱뚱한 아줌마가 감독이라고?
말도 안돼."

어린이와 청소년 인권

떨어져도 다시, 날개를 펴고

김민아

여섯 살 종우가 진료실에 누워 있습니다. 벽에는 수족관과 물고기가 그려져 있고 누워 있는 아이의 시선을 따라가면 모니터에선 만화 주인공이 뛰어다닙니다. 모르는 이가 보면 치과로 착각할 이곳은 어디일까요? 바로 〈신비한 영어나라〉입니다. 토끼 옷을 입은 간호사가 종우에게 "딸기 맛 괜찮아?" 하고 묻더니 딸기 향 마취제를 주입합니다. 의사는 두려움에 떠는 종우에게 "우리 조금만 더 고생하자. 그래야 발음이 좋아지지." 라며 달랩니다. 울고 있는 종우를 등지고 엄마는 남편에게서 걸려온 전화를 받고 있습니다. "괜찮아요, 좀 아파도 다 저를 위해선데 뭐." 의사의 날카로운 메스가 종우의 설소대를 찢고, 찢긴 부분을 바늘로 꿰맬 때 진료실 가득 '반짝 반짝 작은 별'이 울려 퍼집니다. 비명에 스러지는 작은 별 종우는 R 발음을 원어민처럼 잘하기 위한 수술을 받고 있습니다. 자식의 영어 발음이 좋아지게 하기 위해서라면 자식의 살을 찢는 일도 마다하지 않는 부모에게 종우는 이 수술이 싫다고 말하지 못했습니다. 부모는 어린아이가 뭘 알까, 여기지만 아이는 살아온 경험치의 전부를 끌어다 부모가 원하는 모습이 되고자 노력합니다. 아무도 모르는, 험난한 투쟁의 여정에 혼자 오르는 것입니다.

종우가 혀를 찢기는 동안, 준이는 포경 수술 여부를 놓고 아빠와 사투를 벌이고 있습니다. 준이 아빠는 준이가 중학생이 되기 전에 아들의 '고추를 까서' 아들을 '진짜 남자'로 만들고 싶습니다. 그래선지 영화 제목도 '아주까리'입니다. 아빠의 집착에는 그만한 사정이 있습니다. 그도 준이만 할 때 '까지지' 않았다는 이유로 친구들에게 놀림을 당했던 것이죠. 이건 아들에게도 비밀이라 아빠는 '실체'를 숨기기 위해 준이와 서로 다른 목욕탕에 다닐 정도입니다. 몸에 칼이 들어오는 생각만으로도 무서워진다는 준이에게 아빠는 말합니다. "다 너를 위해서야. 그래야 진짜 남자가 되는 거야."

전 세계 아동의 경제·사회·문화의 권리를 규정하는 국제 협약이자 아동 청소년의 권리 장전이라 불리는 '아동권리협약'에서 가장 강조하는 내용은 아동 청소년과 관련된 어떤 결정을 내릴 땐 그 일이 그들에게 미칠 영향을 '반드시' 생각하고 그들에게 가장 이익이 되는 일을 해야 한다는 겁니다. 따라서 협약 제12조에는 "아동은 자신의 생각을 표현할 권리가 있고 어른들은 아동의 의견에 귀를 기울이고 존중해주어야 한다"고 적혀 있습니다. 하지만 종우 엄마와 준이 아빠가 이 조문을 알았다고 해도 아이들의 절규에 귀 기울였을 것 같진 않습니다.

준이 아빠가 준이를 진짜 남자로 만들려는 의욕에 불탈 때 원철이 아빠는 원철이를 '진짜 사람'으로 만들고 싶어 노심초사합니다. 고등학생인 원철이와 친구들은 매일 아침 '먼저 사람이 되어라'는 간판이 달린 교문을 통과해야 합니다. 아직 대학에 가지 못한 아이들은 모두 고릴라, 원숭이들이네요. 햇볕 좋은 어느 날, 장수하늘소 장풍이에 이끌려 숲 속으로 빨려든 원철이는 각양각색의 곤충을 만나게 됩니다. 오랫동안 곤충을 수집하고 연구해온 원철이는 곤충의 이름과 습성을 정확히 알고 있습니다. 원철은 이들과 한나절 신나게 놉니다. 그러다 원철은 자신이 진짜 하고 싶은 공부가 무엇인지 비로소 깨닫습니다. 그 순간 '고릴라' 원철이는 '사람'이 되었습니다. 원철은 기쁜 마음에 학교로 뛰어가지만 선생님은 사람이 된 원철을 보자 당황합니다. 대학에 가지 않았는데도 사람이 된 학생은 본 적이 없거니와 이 사건으로 '아직' 동물인 다른 아이들을 통

신비한 영어나라

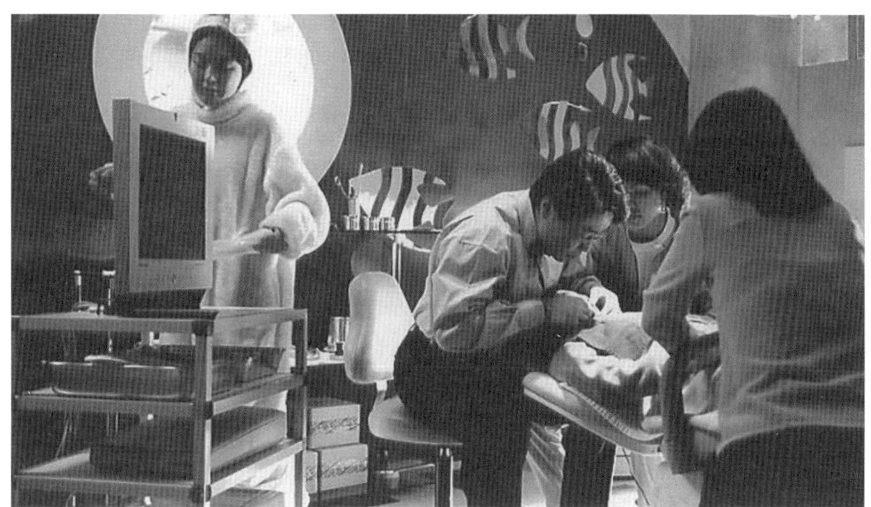

서울의 한 명문 영어 유치원에 다니는 여섯 살 종우. 엄마는 종우의 영어 발음을 향상시키기 위해 혀 밑을 절개하는 수술을 시킨다. 수술을 받는 과정이 종우의 비명 소리와 함께 화면에 담긴다.

감독·각본: 박진표 | 상영시간: 12분

아주까리

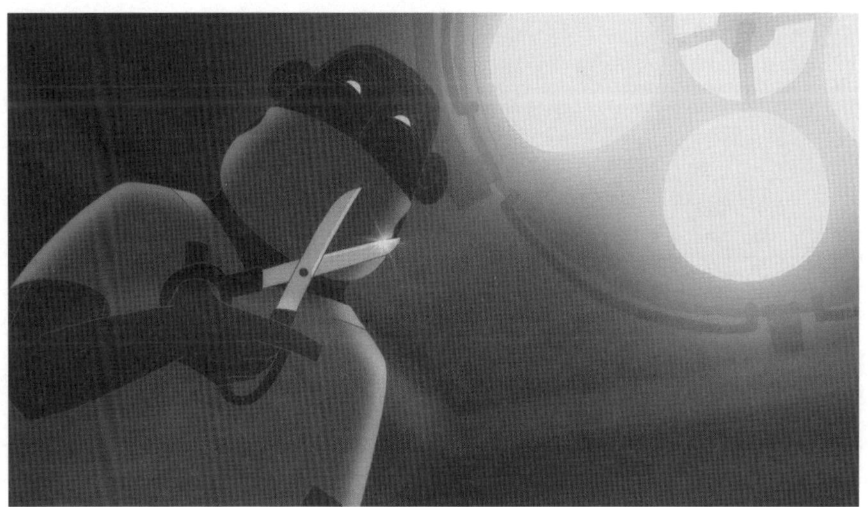

아빠는 준이가 중학교에 들어가기 전에 '진짜 남자'로 만들겠다며 첫눈 오는 날, 포경 수술을 시키겠다고 선언하고 준이는 악몽에 시달린다. 하지만 실은 아빠도 포경 수술을 하지 않은 상태. 아빠는 출장을 간다고 둘러대고 비뇨기과에서 수술을 예약한다. 첫눈이 내리자 아빠가 집으로 뛰어오고 준이는 방문을 온몸으로 막는다. 엄마는 꼭 포경 수술을 해야 한다는 아빠에게 수술을 하지 않은 당신은 어떻게 살았냐고 묻는다. 아빠가 왜 목욕탕에 따로 갔었는지를 알게 된 준이가 수술을 하지 않은 이유를 묻자 아빠는 무서워서였다고 고백한다.

감독: 홍덕표 | 제작 방식: 2D 디지털 애니메이션 | 상영시간: 15분

사람이 되어라

진화고등학교의 학생들은 동물의 모습을 하고 있는데 대학에 가야 사람이 될 수 있다. 고릴라의 모습을 한 원철은 곤충에 대해 모르는 것이 없는 곤충 박사다. 그러나 아버지는 원철이 대학부터 가고 나서 곤충을 연구하기를 바란다. 어느 날 숲에서 장수하늘소를 만나 이야기를 나누다 공부를 많이 하면 사람이 된다는 말을 들은 원철은 자신이 곤충에 대해 많은 공부를 했으니 이미 사람이라는 것을 깨닫고 사람의 모습으로 학교에 간다. 그러나 선생님은 대학에 가야 사람이 되는 거라며 원철에게 당장 고릴라로 돌아가라고 명령한다. 숲으로 도망간 원철을 찾으러 간 아버지는 자신이 대학에 가지 못해서 아직까지 사람이 되지 못했다고 이야기하고, 결국 원철은 다시 고릴라의 모습을 한 채 학교로 돌아간다.

감독·각본: 박재동 | 제작 방식: 2D 애니메이션 | 상영시간: 10분

제할 근거가 사라질 수 있기 때문이죠. 선생님은 원철이를 때리며 꾸짖습니다. "너 왜 네 맘대로 사람이 되고 그래? 아직은 사람이 되면 안 돼." 원철이는 맞으면서도 이해할 수 없었습니다. 언제는 그렇게 사람이 되라고 성화더니 무엇이 문제일까. 상황을 받아들일 수 없는 원철을 설득하기 위해 이번에는 아빠가 나섭니다. 그는 놀랍게도 가면을 벗습니다. 대학을 나오지 못했기에 사람 취급 못 받을까봐 여태 사람 가면을 쓴 채 살아왔다고 고백하면서 말이죠. 고릴라인 아빠를 본 원철이도 이내 고릴라로 변하고 맙니다. 그와 동시에 원철의 가슴속에 최초로 타오르던 설렘의 빛도 꺼져버립니다.

원철이 아빠처럼 대학을 나오지 못해서 수모를 당하는 사람은 예전보다 줄어들고 있습니다. 그 대신 누구나 출신 대학이라는 꼬리표를 달고 그에 상응하는 차별을 감당하며 살아야 하는 시대로 접어들었습니다. 이제 학벌은 개인의 능력은 물론, 품성까지도 규정합니다. 일류대를 가지 못한 사람은 곧장 불성실하고 게으른 사람이 됩니다. 취업 면접을 하는 면접관에게 그토록 학벌을 중시하는 이유를 물었더니 면접은 짧은 시간에 사람을 판단해야 하기 때문에 근거와 재료가 될 만한 것은 학벌뿐이라고 했습니다. 좋은 대학에 갔다는 건 열심히 공부했다는 것이고 열심히 공부했다는 건 그가 성실하기 때문이라는 겁니다. 그건 성실해서가 아니라 살아남기 위해 스스로를 채찍질하는, 일종의 자기 착취가 아니겠냐고 반문했더니 경쟁 사회인데 어쩔 수 없지 않느냐고 답합니다. 어쩔 수 없다는 체념의 논리가 아이들을 짓밟고 있지만 아이들은 아프다는 말도 제대로 못 합니다.

여기 두 명의 진주가 있습니다. 전교 일등 박진주와 전교 꼴등 마진주. 박진주는 일등을 놓치진 않을까, 항상 일등만 하는 자신을 친구들이 따돌리는 건 아닐까 걱정이 태산입니다. 공부엔 흥미가 없지만 비행기 조종사가 되고 싶은 꿈만은 야무진 마진주는 주의력결핍과잉행동장애(ADHD)를 치료받기 위해 병원에 다닙니다. 주의가 산만하고 공부를 못하는 건 이 나라에서는 치료받아야 할 '질환'에 가깝습니다. 과도한 공부

진주는 공부 중

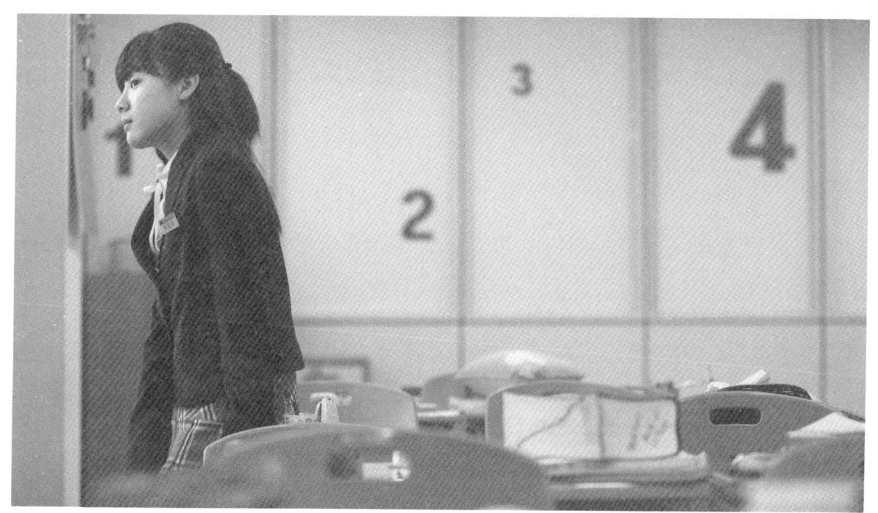

전교 꼴등 마진주와 전교 일등 박진주는 같은 반이다. 박진주는 학업 스트레스로 학교에서 쓰러지고, 병원에 있다가 집중력 장애로 학습 치료를 받으러 온 마진주를 만난다. 박진주에게 비행기를 타고 아주 멀리 날아가보고 싶은 자신의 꿈에 대해 얘기하는 마진주. 기말고사 날, 박진주와 마진주는 답안지에 서로의 이름을 바꿔 써서 제출하고 결국 반성문 100장을 쓰는 벌을 받는다.

감독·각본: 방은진 | 상영시간: 30분

압박을 견디며 경쟁에서 살아남는 일등 박진주 같은 아이들도 주위의 기대를 항상 충족시켜야 한다는 강박에 곧잘 자살 충동에 시달립니다. 아직 오지 않은 미래를 위해 '지금, 여기'에서 행복할 권리를 저당 잡힌 이 나라의 초·중고생 열 명 중 네 명은 당장이라도 학교를 그만두고 싶다고 말합니다.

그래선지 부모들은 자녀의 의지나 적성은 개의치 않고 곧잘 다른 나라로 아이를 보내려고 합니다. 자녀가 공부로 성공하길 바라는 욕심은 그대로 둔 채 입시 위주의 학교 환경만 벗어나게 해주면 부모로서의 도리를 다하는 걸로 생각하는가봅니다. 〈유 앤 미〉의 철구 엄마는 철구의 호주 유학을 준비하고 있습니다. 담임 선생님은 내성적이고 친구가 없는 철구가 낯선 나라에서 잘 적응할지 걱정이지만 철구 엄마는 단호합니다. "지 좋으라고 하는 건데 알겠죠, 뭐."

"아파도 참아, 지금 힘들어도 좀 참아, 다 너 좋으라고 하는 거야." 여기서 '나'는 누구인가요. 부모가 '나' 아닌가요. 내가 당했던 수모를 떠올리고, 내가 걷지 못했던 길을 부러워하며, 내가 원했던 삶을 강요하고, 내가 확신하는 미래를 위해 오늘의 '너'는 마땅히 참고 버텨내야 한다는 부모. 자녀의 인생을 마음대로 조각(彫刻)하고 싶은 맨 얼굴의 욕망이 너무 원색적이라 원철이 아빠가 써온 고릴라 가면은 차라리 예의 바르게 느껴질 정도입니다.

철구와 같은 반인 소영은 도내 체전에서 은메달을 따기도 했던 역도 유망주입니다. 소영은 다음 해엔 꼭 금메달을 따야 한다고 벼르는 아버지와 코치의 기대를 한몸에 받고 있고, 친구들 역시 소영이 역도 특기생으로 고등학교에 가는 게 부럽기만 합니다. 정작 소영은 매일 힘만 써야 하는 이 일이 진정 자신이 원하는 길인지 알 수 없어 답답한데 말이죠.

"알에서 막 깨어난 아기 거북이들은 누가 가르쳐주지 않아도 자신이 가야 할 곳이 바다임을 알고 있다. 바다는 넓고 깊게 어린 거북이들을 단련시키고 성장시킨다. 그리

유 앤 미

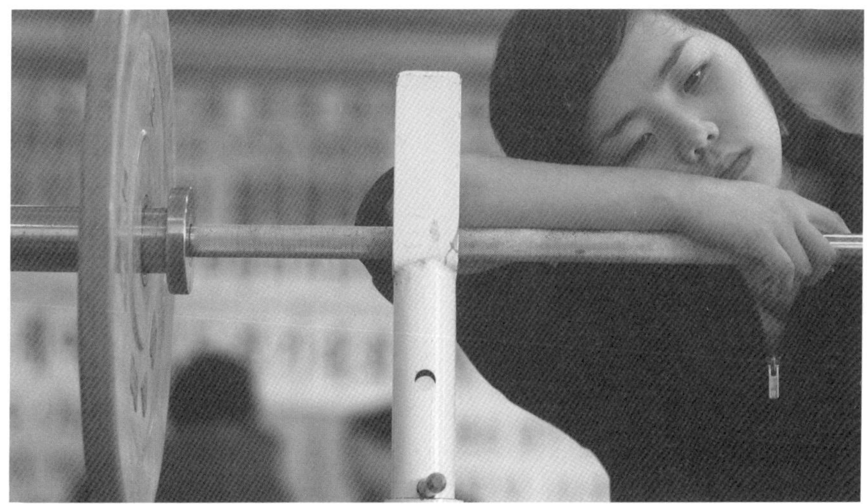

역도 선수 소영과 호주 유학 준비 중인 철구는 중학교3학년 같은 반이다. 철구는 담임을 만나러 온 엄마와 김밥을 먹지만 엄마가 잠시 자리를 비운 사이 먹던 김밥을 뱉어 낸다. 한편 소영은 역도를 그만두고 싶어하지만 담당 체육 교사는 계속 만류하고, 철구는 수업 시간에 남몰래 눈물을 흘리는 소영을 본다. 시외버스를 타고 어디론가 가던 철구는 같은 버스를 타는 소영을 발견하고 함께 간다.

감독·각본: 신재수 | 상영시간: 21분

고 30년이 지난 후 성장한 거북이들은 태어난 곳으로 다시 돌아온다." 자율 학습 시간, 텔레비전 다큐멘터리에 아무도 주목하지 않지만 소영은 내레이션을 들으며 눈물 흘립니다. 그런 소영을 철구는 가만히 바라보네요. 의지와는 상관없이 다른 나라로 가게 된 철구와 어른들의 강요로 진로가 이미 결정된 소영은 답답한 현실을 견딜 수밖에 없는 처지라 가야 할 곳을 본능적으로 아는 거북이가 부러웠는지도 모르겠습니다.

답답하기로 치면 차은이를 당해낼 소녀가 있을까요. 달리기를 세상에서 제일 좋아하는 열다섯 살 차은이는 학교 육상부가 해체되면서 혼자 남겨집니다. 함께 뛰던 부원들은 도시 학교로 전학을 떠났지만 새만금 갯벌에서 어부로 일하는 아빠는 차은이를 도시로 보낼 마음이 없습니다. 막막하고 답답한 차은이를 위로하는 사람은 엄마뿐. 엄마는 낯선 한국의 소읍으로 이주해온 필리핀 사람입니다. 두 아이를 키우며 차은이만큼 가슴 시린 나날을 보내왔지만, 차은이는 엄마의 외로웠을 시간의 결을 헤아릴 능력이 아직 부족합니다.

타인의 입장과 처지를 헤아리는 공감은 타고난 '감수성'에서 비롯되기도 하지만, 동시에 부단한 훈련을 거쳐야 생기는 '능력'이기도 합니다. 목사님은 기부받은 김치를 소년소녀 가장들 앞에 쌓아두고 이 김치 먹고 하나님을 잘 섬기게 도와달라고 기도합니다. 눈 뜨고 기도하는 소녀는 김치보다 대학생 자원봉사자 오빠가 좋습니다. 자신을 불쌍한 아이로 대하지 않는 유일한 사람. 그런 오빠가 유학을 떠난다 하니 소녀는 가슴이 미어집니다. 그래서 그에게 캠코더를 사주고 싶습니다. 오빠는 근사한 외국의 일상을 캠코더에 담아 보낼 테니까요. 두세 개씩 뛰는 아르바이트도 힘들지 않았고 혼자 사는 집에 전기가 끊겨도 참았습니다. 모은 돈은 모조리 캠코더를 위한 것이니까요. "자존심이 장난이 아냐. 열등하다는 생각이 뿌리박혀 있으니까. 동정심은 안 돼. 때론 혼도 내고 욕도 하면서 같이 있어주는 거야, 친구처럼." 어떤 말은 굳이 듣지 않아도 되는데 그런 말은 꼭 바람결에 실려 옵니다. 세상의 얄팍한 동정쯤은 견딜 수 있었

소녀는 '소녀 가장'이 아닌 자기 자신이 되고 싶습니다.

지만 믿었던 단 한 사람으로부터 배반당한 순간, 소녀는 사라졌습니다. 이 영화는 2005년 단전으로 촛불을 켜고 공부하다 잠든 소녀가 사망한 실제 사건이 기초가 되었습니다. 이후 인권위는 "전기와 수돗물 공급을 중단하는 일률적인 단전·단수 조치는 헌법에서 보장하는 기본권, 즉 생명권을 침해하는 것이니 전기사업법을 개정할 것"을 보건복지부와 산업자원부 장관에게 권고하기도 했습니다. 생각해봅니다. 소녀가 사라진 이유가 단순히 전기가 끊긴 사고 때문이었을까요. 소녀가 단 한 사람에게라도 '소년소녀 가장'이 아닌 있는 그대로의 소녀로 받아들여졌다면 어땠을까요.

소녀들의 사랑은 미숙한 아이들의 불장난으로 치부되기 십상입니다. 희수와 차선과 규리는 학교에서 아이를 기릅니다. 〈릴레이〉는 아이 아빠와 엄마가 누구인지, 어떻게 된 사연인지 보여주지 않습니다. 선생님들은 문란한 '미혼모'(비혼모)가 다른 아이들과 섞이지 않도록 빨리 '범인'을 찾아내 학교 밖으로 내쫓는 데만 혈안이 되어 있는데, 급기야 생물 선생님은 아기 엄마는 모유 수유를 할 테니 학생들의 가슴을 검사하겠

달리는 차은

지방 소읍에 사는 차은이는 육상 선수다. 다니던 학교의 육상부가 해체되면서 지도 교사는 서울로 전학 갈 것을 권하지만 형편이 넉넉지 않은 아빠는 전학 동의서에 눈길조차 주지 않는다. 필리핀에서 온 엄마와 사는 차은을 아이들은 '필리핀 애'라고 놀린다. 육상부 친구들이 모두 전학을 가자 차은은 가방을 챙겨서 집을 나오고 엄마는 트럭을 몰고 뒤쫓아 온다. 트랙이 깔린 운동장을 달리던 차은은 엄마 품에서 울음을 터뜨린다.

감독: 김태용 | 상영시간: 35분

소녀가 사라졌다

소녀 가장인 선희는 '무슨 날'만 되면 소년소녀 가장 돕기 행사라며 체육 대회를 여는 국회의원들의 연례행사가 지겹지만, 주유소, 빵집에서 아르바이트를 하며 열심히 살아간다. 담임은 선희가 꿈꾸는 아나운서보다는 제빵사나 헤어디자이너가 되는 것이 어떻겠냐고 충고하고, 선희는 유일하게 자신을 있는 그대로 대해주던 교회 오빠 진수가 친구와 나누는 대화를 엿듣고 그 역시 자신을 불쌍한 소녀 가장으로 생각한다는 것을 알게 된다. 어느 날 밤 선희는 촛불을 켜놓고 잠이 들고 집에 불이 난다. 사람들은 다 타버린 선희네 집에 들어가보지만 아무도 보이지 않고, 농작물에 피해를 입힌다고 보도되었던 반달곰이 포효하는 소리가 들린다.

감독·각본: 김현필 | 상영시간: 22분

다고 나섭니다.

2010년 통계청 자료에 따르면, 19세 이하의 출산은 2500명 정도인데 실제로 학교를 다니면서 공부하는 학생과 혼자서 입시를 준비하는 학생은 2.5%에 불과했습니다. 적지 않은 청소년들이 임신, 출산을 이유로 학교로부터 자퇴, 전학, 휴학을 강요당하거나 차별적인 시선을 감당할 수 없어 학교를 떠나고 있습니다. 자신이 알고 선택한 행위라야 책임을 물을 수 있지만 우리 사회는 청소년을 위한 보호막은 아무것도 준비해두지 않으면서 결과만을 따지는 처벌에만 몰두합니다. 〈릴레이〉는 학교에서 사라질 수밖에 없거나, 학교 밖에서 외롭게 견디고 있는 '어린 엄마'들을 우리 사회가 어떻게 받아 안아야 하는지 묻고 있습니다.

〈청소년 드라마의 이해와 실제〉라는 제목의 영화를 볼까요? 저만치 아파트가 있고 이만치 유휴 농지가 있는 서울의 어느 교외. 대통령 선거를 하루 앞둔 오후, 수업을 일찍 마친 학생들은 농사가 끝난 황량한 벌판을 지나가며 수다를 떱니다. 이 근처에서 죽었다는 익명의 여학생에 대해 저마다 황당한 가십과 추론을 펼치는가 하면 자신의 진로에 대한 포부를 늘어놓기도 합니다. '현실 모순에 대한 깜찍한 진단', '자립형 여학생들의 섬세한 심리 묘사와 중산층 남학생들의 어엿한 프러포즈'라는 재미난 소제목이 달려 있긴 하지만 엿들은 대화 내용은 조금도 깜찍하지 않습니다. 서울에 있는 좋은 대학 가야지 4년제라고 다 대학이 아니라거나, 경찰 대학에 들어가 공무원이 되고 싶다거나, 먹고살 만큼만 벌면 직업이 뭐든 크게 상관없다거나, 능력이 없으니 결혼 생각은 없고 따라서 여자 친구도 안 키운다는 것들입니다. 이건 청소년들의 대화가 아니라 패배와 허무에 찌든 취업 준비생들의 넋두리 같습니다. 더 심각한 건 학벌, 사회적 신분에 따라 달리 대우하는 우리 사회의 차별적인 시선을 아이들이 아무런 저항 없이 그대로 받아들이고 있다는 겁니다. 감독은 청소년들과 나눈 날것 그대로의 대화를 영화로 만들고 싶었지만 '아이들의 대화가 너무 시시하고 청소년들이 자본주의 프레임

릴레이

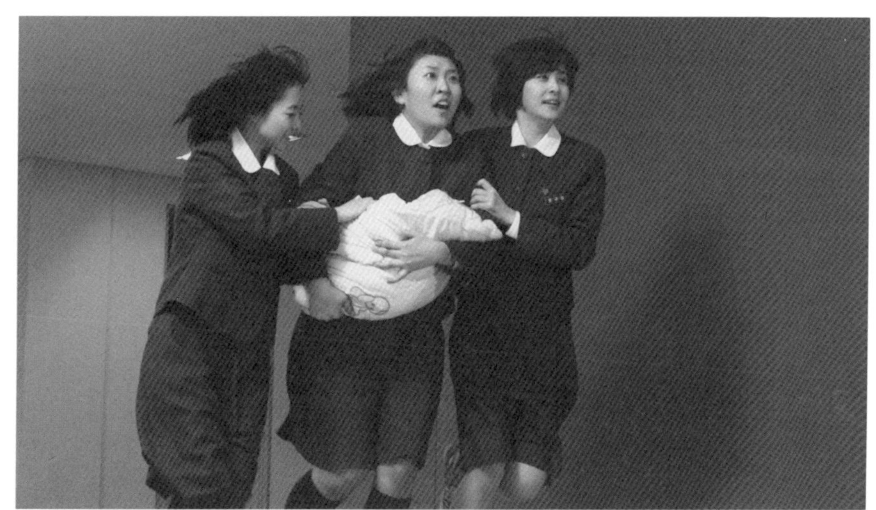

등교 시간. 학생들은 선생님의 눈을 피해 강아지 캐리어를 몰래 갖고 들어간다. 캐리어에 들어 있는 건 바로 아기. 학생들은 쉬는 시간마다 릴레이식으로 몰래 아기를 돌보다 선생님에게 들키고 만다. 선생님들은 아기 엄마가 누군지 추궁하기에 급급하지만, 학생들은 절대 말하지 않고 아기는 자신들이 키우겠다며 버틴다. 아기를 안고 옥상으로 올라가 선생님과 대치하는 학생들. 아기가 울자 엄마인 해영이 학교를 그만두겠다고 말한다. 며칠 후 학교 양호실에는 탁아 시설이 마련되고 해영은 학교에 다니면서 아기를 키울 수 있게 된다.

감독·각본: 이현승 | 상영시간: 12분

에서 자유롭지 못하다는 걸 새삼 느껴' 촬영하면서 우울해졌다고 합니다. 초등학교 때부터 입시와 취직, 좋은 직장 등 기성세대가 만들어놓은 프레임에 갇혀 다른 세상을 꿈꾸지 못하는 청소년들. 이 영화에는 청소년 드라마를 만들며 그들의 진짜 모습을 이해하고 싶었지만 어떤 실체도 없음을 확인한 자의 허탈함이 묻어납니다.

망각이 곧 축복일 때도 있지만 대부분의 어른들은 잊지 말아야 할 시간까지 모두 잊어버립니다. 누구를 어른이라고 해야 할지 모르겠으나, 더 나이 든 사람을 어른이라 한다면 그들은 단 한 명도 빠짐없이 청소년기를 지나왔습니다. 그때를 떠올려봅니다. 이미 나온 성적표를 아직 나오지 않았다고 거짓말하고, 공부 잘하는 형만 감싸는 엄마에게 시위하려고 학교를 땡땡이치기도 하고, 어렵게 사랑을 고백했으나 아직 어리다고 돌려보내던 오빠 때문에 잠 못 이루기도 했습니다. 일등부터 꼴찌까지 성적순으로 이름이 붙어 있던 학교 복도는 어떤 공포 영화보다 무서웠는데, 더 무서웠던 건 서열 꼬리표를 달아주던 학교도 그걸 달고 다니던 우리도 그때는 그게 심각한 인권 침해인 줄 몰랐다는 겁니다. 대학 입시가 끝나면 성적을 비관해 목숨을 끊던 친구들도 있었는데 말입니다. 모든 자살은 사회적 타살이라는 말을 곱씹으며 이제야 깨닫습니다. 그들은 결코 스스로 죽음을 택하지 않았던 겁니다. '사람이 사람답게 살 권리가 인권'이라는 가치가 화폐처럼 통용되는 사회였다면 '일류 대학을 들어가지 못하면 실패한 인생'이라는 천박한 인식이 감히 발붙일 수 있었을까요. 사람은 안중에도 없는 무참한 교육제도와 어떤 도움의 손길도 내밀지 못했던 무력한 우리가 그 친구를 죽음으로 내몰았던 건 아닐까요. 무지를 강요하고 내버려두는 것은 그 자체로 인권 침해가 될 수 있습니다.

그토록 바라던 어른이 되었지만 놀랍게도 달라진 건 없습니다. 세상은 여전히 하지 말라는 금기와 제약으로 가득하고 기약 없는 미래가 앞을 가로막고 있습니다. 고로,

청소년 드라마의 이해와 실제

대통령 선거를 하루 앞둔 오후, 수업을 마친 아이들이 농사가 끝난 한적한 논에서 이야기를 나누고 있다. 이성 문제, 대학 진학 문제 등 자신들의 현재와 미래에 대해 두서없이 떠드는 아이들. 텔레비전 속 청소년 드라마의 긍정적이고 밝은 미래는 보이지 않고 그저 반복되는 학교생활의 스트레스와 불투명한 미래만 있을 뿐이다.

감독: 윤성호 | 상영시간: 20분

뚝 떼어 벽에 걸 수 있는 청소년기는 없습니다. 인간은 전 생애를 거쳐 질풍노도를 살고 죽음에 이르기까지 성장할 뿐입니다.

청소년들은 지금 이 순간에도 자신의 날개를 실험하고 있습니다.《긍정적인 훈육》의 작가 조안 듀란트는 말합니다. "이들은 떨어지는 실패를 경험할 것이다. 그러나 당신의 '진정한' 도움이 있다면 다시 나는 법을 배울 수 있다."

김민아
국가인권위원회에서 인권 영화를 기획하고 있다. 제작 환경이 개선돼 영화를 만드는 사람들이 더 행복해지는 세상이 오기를 간절히 바란다. 쓴 책으로《인권은 대학가서 누리라고요?》,《엄마, 없다》,《영화, 사회복지를 만나다》(공저)가 있다.

인권감수성up

1 〈신비한 영어나라〉에서 종우 엄마는 종우에게 혀 밑을 절개하는 수술을 시키고 수술 장면은 화면을 가득 채웁니다. 영어 발음을 좋게 하기 위해서라는 명목이지요. 엄마가 아이의 의사와 상관없이 성형 수술을 시키는 것은 명백한 인권 침해입니다. 그렇다면 아이에게 억지로 공부를 시키고, 공부를 잘하지 못하는 아이를 문제아로 취급하는 것도 인권 침해 아닐까요? 〈진주는 공부 중〉과 〈유 앤 미〉 속 아이들을 통해 어린이와 청소년의 인권 침해에 대해 생각해봅시다.

2 〈릴레이〉는 아기를 출산한 여고생이 학업과 육아를 병행할 수 있도록 학교측에서 배려해주는 결말을 보여줍니다. 하지만 이와 비슷한 실제 사건에서 학교측은 임신한 학생에게 자퇴를 권고했습니다. 교내에서의 양육을 허용하는 측과 허용해선 안 된다는 측, 두 가지 입장으로 나누어 토론해봅시다.

3 〈달리는 차은〉의 차은이는 꿈을 포기하게 만드는 가난과 필리핀에서 온 엄마를 놀리는 친구들 때문에 상처받습니다. 다문화 가정의 청소년들은 외부의 시선과 가정 내에서의 갈등으로 인해 두 배의 성장통을 겪을 수 있습니다. 이주 노동자에 대한 차별과 편견을 없애는 것이 가장 좋은 해결 방법이겠지만, 의식을 바꾸는 일은 시간도 오래 걸리고 무척 어려운 일이지요. 그렇다면 다문화 가정 자녀들을 위해 우리 사회가 할 수 있는 제도적 개선으로는 무엇이 있을까요? 함께 이야기해봅시다.

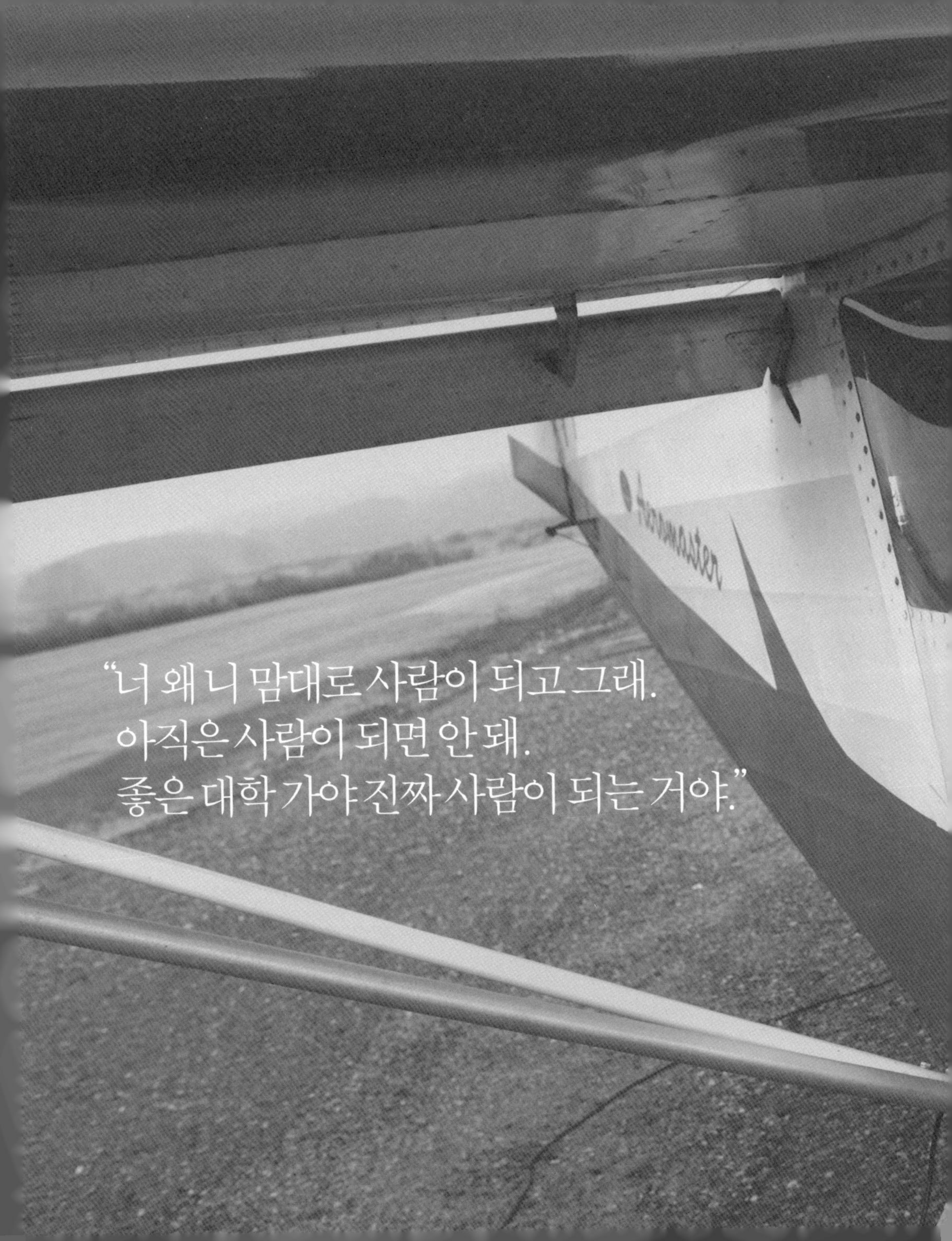

"너 왜 니 맘대로 사람이 되고 그래.
아직은 사람이 되면 안 돼.
좋은 대학 가야 진짜 사람이 되는 거야."

인권위의 불편한 영화들

여섯 개의 시선

별별이야기

다섯 개의 시선

세 번째 시선

별별이야기2

시선 1318

날아라 펭귄

시선 너머

범죄소년

여섯 개의 시선

If You Were Me 1

2002

그녀의 무게 The Weight of Her

그 남자의 사정 The Man with an Affair

대륙횡단 Crossing

신비한 영어나라 Tongue Tie

얼굴값 Face Value

믿거나 말거나 찬드라의 경우 Never Ending

Peace and Love

프로덕션 노트

원제 : 여섯 개의 시선
영문제목 : If You Were Me (Yeoseotgae-ui Siseon)
기획 및 제작 : 국가인권위원회
제작 총 지휘 : 이현승
총괄 프로듀서 : 이진숙
배급 : ㈜청어람
해외 배급 인디스토리
제작 지원 : 영화진흥위원회, Digital CSM

제작정보
규격 : 필름(35)
색채 : 컬러
화면비 : VV(1.85:1)
사운드 : SRD/SR
언어 : 한국어

상영시간 : 110분
관람등급 : 12세 관람가
제작년도 : 2002년

출품 영화제와 수상 실적

2003 전주국제영화제 개막작
2003 부산국제영화제 상영
2003 블라디보스토크 영화제, 후쿠오카영화제, 런던영화제, 밴쿠버영화제 초청
2003 제13회 한국가톨릭 매스컴상(천주교 주교 회의) 영화 부문 수상
2004 일본 문화성 주최 한국독립영화제 초청
2004 3.8 세계 여성의 날 96주년 기념 여성노동영화제 초청
2004 서울여성영화제 초청
2004 제17회 싱가포르국제영화제 초청
2004 제51회 시드니영화제 초청
2004 제53회 멜버른국제영화제 초청
2004 홍콩아시아영화제 초청
2004 제8회 샌프란시스코아시안영화제 초청
2004 이스라엘국제여성영화제 초청
2004 제3회 UK 한국영화제 초청
2004 스페인 아트센터, 발렌시아 필름 인스티튜트 초청

별별이야기

If You Were Me _Anima Vision

2003

낮잠 Day Dream
동물농장 Animal Farm
그 여자네 집 At Her House
육다골대녀 The Flash and Bone
자전거 여행 Bicycle Trip
사람이 되어라 Be a Human Being

프로덕션 노트

원제 : 별별이야기
영문제목 : If You Were Me_Anima Vision
기획 및 제작 : 국가인권위원회
총괄 프로듀서 : 오성윤, 남규선
배급 : ㈜청어람, 아트플러스시네마네트워크
해외 배급 : 인디스토리

제작정보
규격 : 필름(35)
색채 : 컬러
화면비 : VV(1.85:1)
사운드 : SRD/SR
언어 : 한국어

상영시간 : 72분
관람등급 : 전체 관람가
제작년도 : 2003년

출품 영화제와 수상 실적

2005 전주국제영화제 '한국영화의 흐름' 부문 공식 초청
2005 밴쿠버국제영화제 경쟁부문 초청
2005 장애인영화제 폐막작
2005 제17회 자그레브국제애니메이션페스티벌 경쟁부문 초청
2005 제3회 아시아나국제단편영화제 〈육다골대녀〉 상영
2006 멜버른국제영화제 초청, 상영
2006 제10회 이탈리아 카툰스온더베이국제애니메이션영화제에서 〈낮잠〉 유니세프-캄파니아지역상 수상

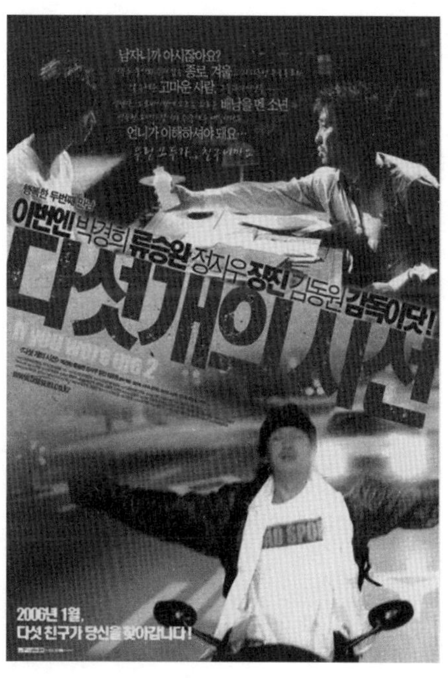

다섯 개의 시선

If You Were Me 2

2004

언니가 이해하셔야 돼요 Seaside Flower

남자니까 아시잖아요? Hey, Men!

배낭을 멘 소년 A Boy with the Knapsack

고마운 사람 Someone Grateful!

종로, 겨울 Jongno, Winter

프로덕션 노트

원제 : 다섯 개의 시선
영문제목 : If You Were Me 2(Da-seot-gae-ui Siseon)
기획 및 제작 : 국가인권위원회
총괄 프로듀서 : 이현승, 이진숙, 남규선
배급 : CJ 엔터테인먼트
해외 배급 : 인디스토리
제작 지원 : 영화진흥위원회

제작정보
규격 : 필름(35)
색채 : 컬러
화면비 : VV(1.85:1)
사운드 : SRD/SR
언어 : 한국어

상영시간 : 111분
관람등급 : 12세 관람가
제작연도 : 2004년

출품 영화제와 수상 실적

2005 제49회 타임스 비에프아이 런던국제영화제 '월드시네마' 섹션 초청
2005 부산국제영화제 '한국영화 파노라마' 부문 상영
2005 CJ아시아인디영화제 개막작
2005 싱가포르국제영화제 초청

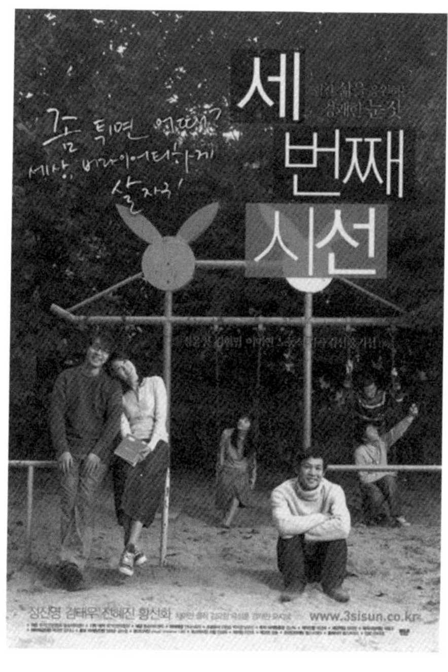

세 번째 시선

If You Were Me 3

2005

잠수왕 무하마드 Muhammad, the hermit king

소녀가 사라졌다 The Girl Bitten by Mosquito

험난한 인생 A Tough Life

당신과 나 사이 Gap

BomBomBomb

프로덕션 노트

원제 : 세 번째 시선
영문제목 : If You Were Me 3(Saebeonjjae Siseon)
기획 및 제작 : 국가인권위원회
총괄 프로듀서 : 이현승, 박미경, 남규선
배급 : ㈜영화사 진진
해외 배급 : 인디스토리

제작정보
규격 : 필름(35)
색채 : 컬러
화면비 : VV(1.85:1)
사운드 : SRD/SR
언어 : 한국어

상영시간 : 106분
관람등급 : 12세 관람가
제작연도 : 2005년

출품 영화제와 수상 실적

2006 전주국제영화제 '한국영화의 흐름' 공식 초청
2006 부산국제영화제 '한국영화 파노라마' 부문 상영

별별이야기 2

If You Were Me _Anima Vision 2

2006

세가지 소원 Three Desires

아주까리 Peeling

아기가 생겼어요 Baby

샤방샤방 샤랄라 Shine Shine Shining

메리 골라스마스 Merry Golasmas

거짓말 Lies

프로덕션 노트

원제 : 별별이야기 2
영문제목 : If You Were Me_Anima Vision 2
기획 및 제작 : 국가인권위원회
프로듀서 : 이애림, 정성종, 남규선
배급 : ㈜청어람
해외 배급 : 인디스토리

제작정보
규격 : 필름(35)
색채 : 컬러
화면비 : VV(1.85:1)
사운드 : SRD/SR
언어 : 한국어

상영시간 : 92분
관람등급 : 12세 관람가
제작연도 : 2006년

출품 영화제와 수상 실적

2007 부산국제영화제 와이드 앵글 부문 초청작
2008 안시국제애니메이션페스티벌 초청작
2008 제21회 싱가포르국제영화제 '아시안 시네마' 공식 초청작

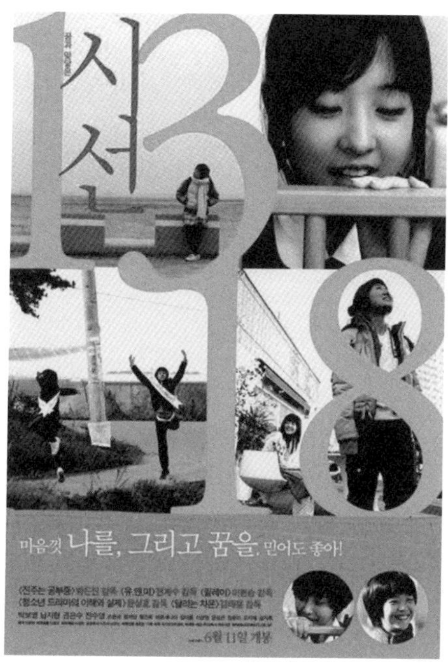

시선 1318

If You Were Me 4

2007

진주는 공부 중 Blue Birds on the Desk

유 앤 미 U and Me

릴레이 Relay

청소년 드라마의 이해와 실제 The Theory & Practice of Teenage Drama

달리는 차은 Girl on the Run

프로덕션 노트

원제 : 시선 1318

영문제목 : If You Were Me 4(Siseon 1318)

기획 및 제작 : 국가인권위원회

총괄 프로듀서 : 이진숙, 남규선

배급 : 백두대간

제작정보

규격 : 필름(35)

색채 : 컬러

화면비 : VV(1.85:1)

사운드 : SRD/SR

언어 : 한국어

상영시간 : 118분

관람등급 : 12세 관람가

제작연도 : 2007년

출품 영화제와 수상 실적

2008 전주국제영화제 폐막작

2008 부산국제영화제 옴니버스영화 특별전 상영

날아라 펭귄

Fly, Penguin

2008

프로덕션 노트

원제 : 날아라 펭귄
영문제목 : Fly, Penguin(Narara penguin)
기획 및 제작 : 국가인권위원회
배급 : 스튜디오 느림보
공동 배급 : AT9, 〈날아라 펭귄〉 공동체상영위원회
협력제작사 : 보리픽쳐스, 〈날아라 펭귄〉 제작위원회

제작정보
규격 : 필름(35)
색채 : 컬러
화면비 : VV(1.85:1)
사운드 : SRD/SR
언어 : 한국어

상영시간 : 110분
관람등급 : 전체 관람가
제작연도 : 2008년

출품 영화제와 수상 실적

2009 제11회 정동진독립영화제 땡그랑동전상
2009 제8회 제주영화제 개막작
2009 제3회 시네마디지털서울 영화제 초청
2009 제10회 전주국제영화제 관객평론가상 진출
2010 제12회 서울국제청소년영화제 상영

시선 너머

If You Were Me 5

2009~2010

이빨 두 개 Two Teeth

니마 Nima

바나나 쉐이크 Banana Shake

백문백답 Q&A

진실을 위하여 Her story taking

프로덕션 노트

원제 : 시선 너머
영문제목 : If You Were Me 5
기획 및 제작 : 국가인권위원회
총괄 프로듀서 : 최윤정, 김철홍
협력 프로듀서 : 이현승
총괄 진행 : 김민아
배급 : ㈜인디스토리

제작정보
규격 : 필름(35)
색채 : 컬러
화면비 : VV(1.85:1)
사운드 : SRD/SR
언어 : 한국어

상영시간 : 144분
관람등급 : 12세 관람가
제작연도 : 2009~2010년

출품 영화제와 수상 실적

2010 부산국제영화제 출품
2010 서울독립영화제 출품

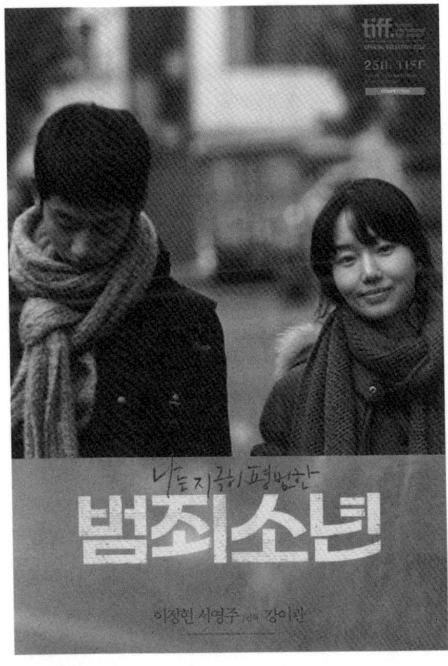

범죄소년
Juvenile Offender
2011

프로덕션 노트
원제 : 범죄소년
영문제목 : Juvenile Offender
기획 및 제작 : 국가인권위원회
협력 제작 : 영화사 남원
총괄 프로듀서 : 박주영, 서수정
총괄 진행 : 김민아
배급 : (주)타임스토리 그룹

제작정보
규격 : 필름(35)
색채 : 컬러
화면비 : VV(1.85:1)
사운드 : SRD/SR
언어 : 한국어

상영시간 : 107분
관람등급 : 15세 관람가
제작연도 : 2011년

출품 영화제와 수상 실적
2012 37회 토론토국제영화제 컨템포러리 월드 시네마 부문 초청
2012 25회 도쿄국제영화제 경쟁 부문(competition section)

 국가인권위원회의 인권 영화 프로젝트는 계속됩니다

여섯 개의 시선
2002

그녀의 무게

감독·각본: 임순례
상영시간: 23분
협력제작사: 미소필름
프로듀서: 오정신
촬영: 김태한
동시녹음: 은희수
편집: 박유경
의상: 김유선
분장: 김기준
출연: 이설희, 이진숙, 배장수, 주진모, 조한희, 윤성은, 한은지, 손혜미

그 남자의 사정

감독: 정재은
상영시간: 19분
시나리오: 김병서, 임연희, 정재은
프로듀서: 김상근
촬영: 김병서
조명: 장태현
편집: 이찬호
동시녹음: 류현
미술: 전미, 정혁
의상, 분장: 유영숙
출연: 전하은, 백종학, 변정수, 이동건

대륙횡단

감독·각본: 여균동
상영시간: 15분
협력제작사: 엔젤언더그라운드
프로듀서: 김상근
촬영: 김재홍
조명: 박현원
편집: 이은수
동시녹음: 정군(라이브톤)
의상: 박정원
분장: 정지호
출연: 김문주, 이영희, 황오연, 전은혜, 강희철, 하민아, 이정표

신비한 영어나라

감독·각본: 박진표
상영시간: 12분
협력제작사: 진인사필름
프로듀서: 김홍배
촬영: 김동은
조명: 김계중
편집: 문인대
현장녹음: 은희수
프로덕션 디자이너: 신점희
의상: 최윤정
분장: 이진영
출연: 김세동, 동효희, 김수민, 김지현, 이영희

얼굴값

감독·각본: 박광수
상영시간: 13분
협력제작사: 엔젤언더그라운드
프로듀서: 예성일
촬영: 김병서
조명: 문형준
편집: 김양일
녹음: 홍정호
분장: 윤예령
출연: 지진희, 정애연

믿거나 말거나 찬드라의 경우

감독·각본: 박찬욱
상영시간: 28분
협력제작사: 필모어엔터테인먼트
프로듀서: 이태헌
촬영: 김병일
조명: 이성환
동시녹음: 이상욱
편집: 최재근
의상: 이자영
분장: 송종희
출연: 라마 칸찬 마야, 찬드라 꾸마리 구룽, 케이피 시토우라, 오달수, 정석규, 어르준 파우델, 전성애, 임학순

별별이야기
2003

<u>낮잠</u>

감독: 유진희
제작 방식: 드로잉 2D 애니메이션
상영시간: 13분
시나리오: 손영화, 유진희
스토리보드: 홍재열, 박현미, 유진희
애니메이션: 홍재영, 박현미
컬러링: 김만중, 박수정, 김양수

<u>동물농장</u>

감독: 권오성
제작 방식: 클레이/퍼펫 애니메이션
상영시간: 15분
프로듀서: 권오성
시나리오·스토리보드: 권오성
촬영·조명: 김홍민
애니메이터: 김현태, 박귀흠, 서강원, 김영주
캐릭터 디자인: 김현태, 박귀흠, 서강원, 김영주
편집·합성: 김영기, 이지호
모션컨트롤카메라: 김종명
목소리 출연: 송준석

그 여자네 집

감독·각본: 김준, 박윤경, 이진석, 장형윤, 정연주
제작 방식: 드로잉 2D 에니메이션
상영시간: 11분
캐릭터 디자인·레이아웃: 김준
배경: 이진석
원화: 정연주, 김혜미
동화: 정인옥, 정연주, 김혜미
채색: 김수영, 김아미, 이민정
합성: 안지민
목소리 출연: 이영민, 홍성호, 최현숙, 강미현, 이은주, 설정빈

육다골대녀

감독·각본: 이애림
제작 방식: 디지털컷아웃 애니메이션
상영시간: 10분
프로듀서: 정성종
촬영: 박혜영, 이애림
미술: 이애림
애니메이션: 박혜영, 권미정, 이애림
목소리 출연: 백현주, 오미영, 박서희

자전거 여행

감독·각본: 이성강
제작 방식: 셀, 컴퓨터 드로잉 애니메이션
상영시간: 10분
작화: 김문희, 유경아, 정인옥, 김혜미
컬러체크: 김문희, 류경아
컬러: 김혜미, 하수정, 류미연
배경: 조혜승, 류미연, 최유리
3D: 김민호
모델러: 박민호
애니메이터: 이영은
렌더링 TD: 이성찬
합성: 정인옥, 조혜승
편집: 이성강, 김문희, 정인옥
목소리 출연: Tition, Jim Zhen Shi, 유경아, 김혜미, 조규준

사람이 되어라

감독·각본: 박재동
제작 방식: 2D 애니메이션
상영시간: 13분
애니메이션 제작: (주)오돌또기
애니메이션 감독: 이춘백
배경미술감독: 유승배
촬영감독: 이종혁
제작프로듀서: 오성윤, 최원숙
레이아웃·원화: 이춘백, 유정아, 허태준
원화: 권영민, 한요한, 장시환, 김창희, 권미정
배경미술: 유승배, 이주영, 박영돈
동화: 최낙수, 한묘희, 박정훈, 정재화, 이태정, 전정옥
목소리 출연: 정명준, 홍진욱, 유호한, 전숙경

언니가 이해하셔야 돼요

감독·각본: 박경희
상영시간: 22분
협력제작: 엔젤언더그라운드
프로듀서: 이진숙
촬영: 김철주
조명: 김춘호
편집: 최재근, 엄진화
동시녹음: 한철희(Live)
음악: 노영심
미술: 최재훈
분장: 주은정
출연: 정은혜, 서주희, 신인숙, 김우경, 주유신, 최주라

남자니까 아시잖아요?

감독·각본: 류승완
상영시간: 21분
협력제작: 시오앤티필름(주)
프로듀서: 한재덕
촬영: 조용규
조명: 정성철
프로덕션 디자이너: 박일현
동시녹음: 정군
스테디캠: 김석진, 장도훈
무술감독: 정두홍
분장·헤어: 주은정
편집: 옥임식
출연: 김수현, 권형준, 이정헌, 안길강, 온주완

배낭을 멘 소년

감독·각본: 정지우
상영시간: 26분
협력제작: 키플러스픽처스
프로듀서: 김은영
촬영: 최현기
조명: 강대희
동시녹음: 오세진
편집: 옥진곤
미술: 서명혜
분장: 강정현, 이효진
출연: 이진선, 오태경, 김춘기, 김기천

고마운 사람

감독·각본: 장진
상영시간: 24분
협력제작사: 필름있수다
프로듀서: 김운호
촬영: 김준영
조명: 정영인
동시녹음: 김탄영
미술: 김효신
편집: 김상범, 김재범
의상·분장: 한혜숙
출연: 류승룡, 이지용, 공호석, 박선우

종로, 겨울

감독·편집·구성: 김동원
상영시간: 18분
프로듀서: 이진숙
촬영: 김석정, 정일건
조명: 김기문
동시녹음: 안복남
중국촬영진행: 신세일
인터뷰: 진복자, 기춘오, 임광빈, 진복산, 허일웅, 김해성, 박은세, 남칠성, 신해진, 리방룡, 위미향, 최복녀
목소리 재연: 김윤택, 이원재, 이미연

세 번째 시선
2005

잠수왕 무하마드

원안: 이택경
감독·각본: 정윤철
상영시간: 16분
프로듀서: 양지웅, 심세윤
촬영: 최윤만
조명: 양애리
동시녹음: 김성달
프로덕션 디자이너: 진경희
편집: 조용환, 정윤철
출연: 차이안 콜삭, 홍석연

소녀가 사라졌다

감독·각본: 김현필
상영시간: 22분
협력제작: 파인하우스필름
프로듀서: 이성훈
촬영: 김화영
조명: 김기문
동시녹음: 이태규, 온세웅
편집: 남나영
의상: 이자영
분장: 이선미
출연: 황선화, 김준원, 김우연, 박길수, 윤화원, 박규종, 김현아, 백호, 배윤범

험난한 인생

감독·각본: 노동석
상영시간: 15분
협력제작: NDS5317 청년필름
프로듀서: 신창길
촬영: 조상윤
조명: 홍승철
음악: 권세영
편집: 이정인
사운드: 이성진
출연: 김요한, Imani Alexus Graves, 오은석, 이승진, 안도은, 김민혁, 백현주, 박미경

당신과 나 사이

감독·각본: 이미연
상영시간: 15분
협력제작: (주)MK AD
프로듀서: 윤경진
촬영: 박기용
조명: 남진아
동시녹음: 김도현
미술: 김시용
편집: 유성엽
사운드: 블루캡
출연: 김태우, 전혜진, 이재원, 이규화

BomBomBomb

감독·각본: 김곡, 김선
상영시간: 21분
협력제작: 인디스토리
책임 프로듀서: 곽용수
프로듀서: 임오정
촬영: 박홍열
조명: 윤종호
동시녹음: 박종근
편집: 김곡, 김선
출연: 김재민, 유성훈, 강두헌, 김대진, 강시원

나 어떡해

감독: 홍기선
각본: 이맹유, 홍기선
상영시간: 17분
협력제작: 영필름
촬영: 오정옥
조명: 심상길
편집: 이은수
미술: 김혜진
동시녹음: 허준영
의상: 고윤미
분장: 전주영
출연: 정진영, 오지혜, 이대연, 오윤홍, 전수환

별별이야기 2
2006

세 가지 소원

감독: 안동희, 류정우
각본: 안동희
제작방식: 드로잉 2D 애니메이션
상영시간: 13분
스토리보드·레이아웃: 류정우
배경: 안동희
애니메이션: 류정우, 정다영, 조성경, 강철영
채색: 신일민
합성·편집: 류정우, 안동희, 김승식
목소리 출연: 홍윤희, 최도영, 정형근, 정해연, 최준혁, 이인모, 최춘옥, 안동희

아주까리

감독: 홍덕표
제작 방식: 2D 디지털 애니메이션
상영시간: 15분
캐릭터 디자인: 홍덕표
스토리보드: 홍덕표
원화: 김소영, 정인옥, 고세윤, 장헌민, 김대환, 심하련
동화: 김소영, 고세윤, 장헌민, 김대환, 심하련, 정성종, 홍덕표, 박유석
배경: 박유석
채색: 하명석, 정성종, 홍덕표
합성: 신형식
미술감독: 박유석
편집: 신형식
3D: 윤주병
목소리 출연: 홍진욱, 전숙경, 최하나, 안영아, 박찬희

아기가 생겼어요

감독: 이홍수, 이홍민
제작 방식: 2D 디지털 애니메이션
상영시간: 15분
동화·배경: 이홍수, 이홍민, 하주안, 서지현
사운드디렉터: 이석민
음악: 이기솔
목소리 출연: 김미경, 안병식, 박명신, 이명행, 최정선, 박해성, 이홍수

샤방샤방 샤랄라

감독: 권미정
제작 방식: 2D 디지털 애니메이션
상영시간: 17분
시나리오: 해윤, 권미정
스토리보드·레이아웃: 권미정
배경: 김희성, 이지은
애니메이션: 권미정, 안수정, 하주안, 박선민, 최원숙
채색: 이희정, 신일민, 이루라
합성·편집: 권미정, 박혜영, 박진희
목소리 출연: 펠라 올리벤자 암바예크, 김현진, 안은호, 손안나, 조예린, 이은결, 정창한

메리 골라스마스

감독: 정민영
제작 방식: 2D 클레이 애니메이션
상영시간: 10분
시나리오: 정민영, 오성윤
스토리보드: 정민영
캐릭터 디자인: 정민영, 유진영
배경 디자인: 김미희, 김효재, 김경진, 임재민
애니메이션: 정민영, 유진영
인형의상 디자인: 유진영, 김희경
소품 디자인: 강인숙, 김효재, 김미희
촬영·편집: 정민영, 전승배
목소리 출연: 박남소, 이기성, 조용현

거짓말

감독: 박용제
제작 방식: 2D 절지 애니메이션
상영시간: 22분
시나리오: 박용제, 도현주
각색: 황재동
미술: 박용제
촬영: 박혜영, 손병준, 박생기
채색: 박용제, 안민희
3D: 손병준
편집: 황명진, 박현흠
목소리 출연: 전가람, 전선철, 이동규, 김훈만, 임마누엘, 임진아, 조하나, 임형택, 최현숙, 김서리, 최진호

시선 1318
2007

진주는 공부 중

감독·각본: 방은진
상영시간: 30분
협력제작: 캔필름
프로듀서: 최지용, 김소연
촬영: 최찬민
조명: 김바다
동시녹음: 이은주
편집: 유성엽
미술: 양홍삼
의상: 최진
음악: 방준석
안무: 박해준
출연: 남지현, 정화영, 라희선, 동효희, 박해준, 강성경, 김주령, 최지용

유 앤 미

감독·각본: 전계수
상영시간: 21분
협력제작: 주피터필름
프로듀서: 김영근
촬영: 김기만
조명: 김승규
편집: 김형주
동시녹음: 김성달
의상: 김나형
분장: 김동건, 김효진
출연: 권은수, 황건희, 정대용, 오지혜, 곽병규, 오지은

릴레이

감독·각본: 이현승
각색: 김영갑, 이현철
상영시간: 12분
협력제작: (주)미디어&시네마 스튜디오 블루, (주)매스메스에이지
프로듀서: 윤준형
촬영: 이강민
조명: 김유신
편집: 백은자
동시녹음: 선훈
미술: 김광수
출연: 박보영, 손은서, 이건주, 황선화, 이슬, 김소원, 문성근, 지대한, 정유미

청소년 드라마의 이해와 실제

감독: 윤성호
각본: 김아름, 김하얀, 김현진, 김호, 백현철, 윤성호, 임지현, 이동혁, 이선정, 전하은
상영시간: 20분
협력제작: 시네마달
촬영: 권상준
조명: 이의행
편집: 노유정
동시녹음: 이순성
음악: 최대풍
출연: 김아름, 강민석, 이동희, 김현진, 이선정, 임지현, 김하얀, 백현철, 박선영, 이우정, 이정은, 전하은, 김경묵, 양해훈

달리는 차은

감독: 김태용
각본: 민예지, 권지영
상영시간: 35분
협력제작: 기린영화사
프로듀서: 박관수
촬영: 박홍렬
조명: 윤경현
편집: 성수아
미술: 김준
동시녹음: 안복남
의상: 한명숙
분장: 장윤정
출연: 전수영, 아르세니아, 최원태, 이태영, 이나겸

날아라 펭귄
2008

날아라 펭귄

감독·각본: 임순례
프로듀서: 남규선, 양동명
촬영: 박영준
조명: 옹경애
동시녹음: 한철희
미술: 박선영
편집: 박경숙
의상: 양민혜
분장: 이진영
출연: 문소리, 박원상, 안도규, 손병호, 최규환, 박인환, 정혜선

시선 너머
2009~2010

이빨 두 개

감독: 강이관
각본: 박문철, 김새봄, 강이관
상영시간: 27분
협력제작: KM컬쳐
프로듀서: 전려경, 이치범
촬영: 황우현
조명: 이동섭
편집: 박유경
미술: 민경옥
의상: 최미연
분장: 이경주
동시녹음: 온세웅
출연: 박정욱, 서옥별, 김태환, 박미현, 최무성, 김수정, 김정범, 배성우

니마

감독·각본: 부지영
상영시간: 23분
프로듀서: 조진아
촬영: 이강민
조명: 김유신
편집: 김수진
동시녹음: 은희수, 임형주
의상: 김유선
분장: 이진영, 김은아
출연: 단잔 다바안얌, 이정은, 박혁권, 정경섭, 유창복, 양지희, 노응수

바나나 쉐이크

감독·각본: 윤성현
상영시간: 37분
협력제작: 소란플레이먼트(주)
프로듀서: 김미화
촬영: 변봉선
조명: 송현석
편집: 김상범, 김재범
동시녹음: 임형근
미술: 엄미선
의상: 김희주
분장: 이서진
출연: 정재웅, 검비르, 권혁풍, 김선빈, 한승희, 배제기

백문백답

감독: 김대승
각본: 박수영, 김대승
상영시간: 29분
협력제작: 고구마필름
프로듀서: 박성일
촬영: 제창규
조명: 최석재
미술: 김시용
편집: 김상범, 김재범
동시 녹음: 김경호
의상: 이진숙
분장: 홍진성
출연: 김현주, 김진근, 유하준, 임종윤, 정보훈

진실을 위하여

감독: 신동일
각본: 신동일, 권광호, 박종철
상영시간: 28분
협력제작: 비아식픽쳐스
프로듀서: 신연철
촬영: 박종철
조명: 김경석
편집: 문인대
미술: 장춘섭
동시녹음: 이상욱
의상: 김지연
분장: 천지민
출연: 심이영, 김태훈, 김소숙, 이소윤, 김병순, 심영민, 최솔희

범죄소년
2011

범죄소년

공동제공: (주)영화사남원, (주)타임스토리
감독·각본: 강이관
공동각본: 박주영
총괄 프로듀서: 박주영, 서수정
총괄 진행: 김민아
촬영: 변봉선
조명: 박찬윤
동시녹음: 박성만
음악: 강민국
사운드: 서영준
미술: 박지현
의상: 한예준
분장: 정미경
DI: 김형희(KT&G 상상마당)

별별차별 영화 속 인권 이야기

초판 1쇄 인쇄 2012년 9월 28일
초판 1쇄 발행 2012년 10월 5일

지은이 구본권 김민아 김현진 신윤동욱 여균동 조윤호
기획 국가인권위원회
펴낸이 이기섭
편집팀장 김송은
책임편집 김남희
디자인 김진혜
마케팅 조재성 성기준 정윤성 한성진 정영은
관리 김미란 장혜정

펴낸곳 한겨레출판(주)
등록 2006년 1월 4일 제313-2006-00003호
주소 121-750 서울시 마포구 공덕동 116-25 한겨레신문사 4층
전화 02-6373-6753
팩스 02-6383-6790
대표메일 cine21@hanibook.co.kr
ISBN 978-89-8431-619-5 03330

* 책값은 뒤표지에 있습니다.
* 파본은 구입하신 서점에서 바꿔드립니다.